リーダーシップがなくてもできる「職場の問題」30の解決法

人事コンサルタント
大橋高広
OHASHI TAKAHIRO

日本実業出版社

はじめに

日本の職場には、リーダーシップがある上司は少ない

皆様、はじめまして。大橋高広と申します。私は、人事コンサルタントとして、人事評価制度の設計や運用のコンサルティング、管理職研修や職場改善研修を提供しているのですが、より現場で成果が出るための取り組みとして、クライアントのスタッフの皆様と個別に面談をさせていただく機会が多くあります。そこで、わかってきたことがあります。それは、「**日本の職場には、リーダーシップがある上司は非常に少ない**」ということです。

これは上司本人の問題というよりも、構造的な問題が大きいと考えています。たとえば、多くの上司は「実務の能力や成果」を評価されて昇格したのであって、「マネジメント適性」を評価されたわけではありません。また、実務の研修はOJTを含め数多く受けていますが、上司になるにあたっての研修は受けていない、あるいはせいぜい数回単発の研修を受けている程度です。それでは、なかなか上司として力を発揮するのは難しいといえます。

そこで、意欲ある上司の皆様は、本を読んで学習しようと書店に行きます。しかし、並んでいるのはリーダーシップなどの「人を動かす強さ」を求めるものばかりで、現実的に上司が明日から職場で実践するのは難しいでしょう。

このように、上司の仕事を精神論で考えてしまうと、上司本人はもちろんですが、経営層や人事部の人たちも疲弊してきます。なぜなら、精神論は再現性が低いからです。しかし、日本の多くの職場は、この精神論から抜け出せずに負のスパイラルに陥っています。

必要なのはリーダーシップがなくてもできる職場の問題解決メソッド

そこで、私から提案があります。**これからの上司・管理職のスキルアップは、リーダーシップという『精神論』ではなく、上司の仕事を遂行する力を身につけるという『方法』で考えてほしい**ということです。

本書では、上司の仕事を〝3ステップ〟で解説しています。

第1ステップは、職場の問題の真因を把握するために、部下の本音を聞き出すこと。

第2ステップは、部下に不利な影響が出ないように、聞き出した情報を社内で共有すること。

第3ステップは、部下の同意と会社の許可を得た上で、具体的に職場を改善すること。

この3ステップをきちんと繰り返し実践している上司は、間違いなく部下に〝信頼〟されます。強力なリーダーシップがなくても、部下と信頼関係を築くことはできます。

私は、やみくもに最新のメソッドを取り入れ、数ヶ月もすれば自然消滅するということを繰り返す、「改善疲れ」に陥っている職場を数多く見てきました。

そのため、本書では職場の問題を解決するための〝30の方法〟をお伝えさせていただきますが、部下の本音を聞き出し、職場の現状を把握した上で、有効と考えるメソッドから取り組んでいただきたいと考えています。これが職場の問題解決は、「部下の本音を聞き出す」ことから始めていただきたい理由です。

上司が変われば、職場は変わります。会社のせいにしていては、何も解決されません。ぜひ一緒に働きがいのある職場をつくってまいりましょう。

CONTENTS

PROLOGUE

序章

なぜ、どんな方法でも「職場の問題」は解決できないのか？

IMPROVEMENT
第1章

働き方改革時代の「職場環境」を考える

IMPROVEMENT
第2章

なぜ、職場の風通しの悪さは〝見えない〟のか？

METHOD

第3章

ステップ1 誰でもできる！ 職場の問題を「聞き出す」技術

METHOD

第4章

ステップ2

最大の難所！職場の問題を「共有する」技術

METHOD

第5章

ステップ3 今すぐできる！ 職場の問題を「改善する」技術

METHOD

第6章

リーダーシップがなくてもできる！上司の仕事を「改善する」技術

EPILOGUE

終章

すぐに会社を変えるのは難しい。まずは「職場単位」で始めよう！

カバーデザイン／萩原 睦（志岐デザイン事務所）
本文デザイン・DTP／初見弘一
編集協力／渡辺稔大
出版プロデュース／森モーリー鷹博

PROLOGUE

序章

なぜ、どんな方法でも「職場の問題」は解決できないのか？

職場改善のノウハウは的外れなものがほとんど

今、働き方改革やコロナ禍などの影響もあり、日本の職場にはいろいろな問題が山積しています。

私は、人事コンサルタントとして普段からたくさんの企業を見ているのですが、業界や業種、あるいは企業の規模によって問題は千差万別です。

たとえば製造業では、長年働き続けているベテランに技術が蓄積されている一方で、**若手に技術が継承されていない**という問題があります。

一昔前であれば「目で見て盗め」式の指導が通用したのですが、働き方改革による業務時間削減の影響もあり、今の若い人は技術を習得しにくい状況が続いています。

サービス・飲食業では、多くの企業がアルバイトの採用に四苦八苦しています。また採用しても、**せっかく育てたのに定着せずにすぐに辞めてしまう**。これもお決まりのパターンと化しています。

店長や店舗長、マネージャーなどの肩書きを持つ社員は、アルバイトの管理に大きな労力を割いています。シフトのやりくり、スタッフへの指示や育成、また求人対応などで、管理職の一日はあっという間に過ぎていきます。**自分の仕事をするのは、営業時間が終わってから**ということも日常茶飯事です。寝るヒマもなく働き続けた結果、体調を崩したり、メンタルヘルスを患ったりする人も珍しくありません。

企業の規模別に見ると、中小・ベンチャー企業は業務量が多く、人が少ないという構造的な問題を抱えています。多くの企業で、有給休暇や産休・育休の取得が進んでいないのが現状です。

一方、大企業では働き方改革が進められていて、全体の労働時間は圧縮され、労働環境の改善が進行しています。しかし、コロナ禍によりリストラが進み、職場では大きな変化が起きています。

また、今あらゆる企業において、業務のオンライン化やテレワークへの対応など新しい取り組みを次々と実施しないといけない状況でもあります。

このような数々の問題を背景に、今の世の中には、職場を改善する「ツール」や「ノウハウ」が溢れかえっています。本を読んだりセミナーに行ったりすれば、「最新のツール」がすぐに手に入ります。

日本の会社には勉強熱心な方が多く、自社で使えそうな「ツール」や「ノウハウ」を手に入れようと、必死に情報収集をしている姿を目にします。

たとえば、**現在、人事の分野では「HRテック」と呼ばれるものが大流行しています。**HRテックとは、「ヒューマン・リソース」と「テクノロジー」を掛け合わせた造語のこと。簡単にいうと、最先端のテクノロジーを使って人事の問題を解決するソリューションやサービス全般を指しています。

代表的なものを挙げると、**人事評価のクラウドシステムや、モチベーション管理システムなどがあります**。クラウド系のシステムを活用して人事評価やモチベーション調査を行う流れがトレンドになっているのです。

たとえば、あるES（従業員満足度）調査では、次のようなアンケートを通じて社員の満足度を測ろうとします。

「あなたはこの会社を自分の後輩に勧めて入社してもらいたいと思いますか」
「自社の商品を自分の親友に勧めたいと思いますか」

要するに、「あなたはこの会社が好きですか」と質問しているのと同じです。けれども、普通に考えて、会社から「あなたはこの会社が好きですか」と質問されて、素直に「嫌いです」と回答する社員が何人いるでしょうか。

退職を予定している社員でもない限り、「会社が好き」と回答するに決まっています。スタッフからの回答の信頼性の精度を測る機能があるものもありますが、それでも会社への不満を全面には出してくることはないでしょう。にもかかわらず、会社では調査結果をもとに「我が社は従業員満足度が高い」「働き方改革の成果が出ている」などと喜んでいます。はっきりいって意味不明です。

それどころか、興味深いことに、むしろ**モチベーションの高い人が辞める**という現実があります。特に若い社員が「これ以上この会社で働いても何も変わらない」とあきらめてしまうのです。

実際に、私はそういった会社から相談を受けることがあります。

「うちの会社は社員のモチベーションが高いんです。ＥＳ調査でも、それが裏づけられているんですけど、なぜかモチベーションが高い社員が辞めてしまいます。どうしてなんですか？」

この手の質問に対して、私は次のように返しています。

「いや、**モチベーションが高いからこそ辞めているん**です。御社自体に何か問題があるということじゃないですか」

私が不思議に思うのは、多くの企業では新しいシステムの導入には熱心なのに、実際にシステムが機能するかどうかには無頓着なように見えるということです。まるで、システムさえ導入すれば、とにかくうまくいくといわんばかりなのです。

冷静に考えればわかるのですが、物事はそこまで単純ではありません。

「何かシステムを導入すればいい」というのは、お腹が痛いときにとりあえず胃腸薬を飲んで対処しようとするのと似ています。

本来、一言で「お腹が痛い」といっても原因はさまざま。下痢なのか、胃潰瘍なのか、盲腸なのか、あるいはガンということもありえます。原因がよくわからないのに、「とりあえず胃腸薬を飲めばＯＫ」というのは無茶苦茶です。

「お腹が痛いときに、お医者さんに適当に診断されて胃腸薬を処方されても困るでしょ？」

こうたとえると皆さん納得していただけるのですが、なぜか職場の問題となると似たよう

システムの導入だけで職場の問題は解決できない

な失敗を繰り返しています。

職場に問題があるから何か良さそうなシステムを導入する…。
ただ単に導入さえすれば、後は何もしなくても勝手に改善する…。

よく考えれば、そんなことはないということは誰でもわかりそうなものですが、なぜか、そこで思考が停止してしまっているケースが多いのです。

解決できないのは、職場の〝本当の〟問題を知らないから

職場環境の悪さが改善されないのは、その職場の「本当の問題」がわかっていないからです。**多くの職場では、「本当の問題」がわかっていないせいで、「見当違いの対策をする→職場環境が改善されない→また別の見当違いの対策をする」、の悪循環にハマっています。**

たとえば、ある会社で採用がうまくいかずに悩んでいるとします。ハローワークで募集を

しても、まったく求職者が集まりません。

そこで、一定の費用を投じて人材紹介サービスを利用することにしたのですが、やはり思うような人材を獲得できません。A社がダメならB社、C社……と、サービスを変えても結果は同じです。

こういったとき、会社は人が集まらない「本当の理由」について無関心です。**理由を知ろうとしないまま、解決を人材紹介サービスを提供する会社に丸投げしています。**これでは、宝くじを購入して、ひたすら当選するのを祈っているのと同じようなもの。人材が集まらないのも当然です。

また、離職率が高い企業では、「賃金」を理由にする退職がたびたび繰り返されます。各種の統計結果を見ても、「賃金」は退職理由として常に上位にランクされています。

しかし、よく考えてみてください。私は社員に直接ヒアリングをしているからわかるのですが、**賃金というのは、退職の理由として単に〝使い勝手がいい〟**だけです。

そもそも、在職中に社員から「賃金を上げてほしい」とは、なかなかいい出しにくいものです。

今、月20万円のお給料で働いている人がいるとしましょう。この人が「結婚して子どもも産まれる予定なので、30万円にしてほしいのですが」と交渉したところで、簡単にOKとはならないでしょう。

社員のほうもそれをよくわかっているので、在職中は賃金について文句をいわないのが暗黙の了解となっています。その代わり、**退職するときには、ここぞとばかりに賃金の話を持ち出します。**

「結婚して子どももできるので、もう少し条件の良いところでお世話になることに決めました」

そういわれると、会社側も「それなら仕方ないなぁ」と受け止め、納得します。

こういった賃金理由の退職が続くと、さすがに会社は焦ります。「これだけ賃金理由の退職が多いとなると、やっぱり賃金を上げるしかないのか」という話になります。

もちろん、誰だって賃金は上がったほうがいいに決まっています。だから、本当に賃金を理由に退職する人も一定数はいるでしょう。ただ、それ以上に賃金は退職理由として使い勝手が抜群なのです。

本当は人間関係や職場の仕事の進め方に問題があっても、それを退職理由にするとカドが立つ。そこで、あえていい出しやすい賃金を理由にしているのです。

社員は無知ではありません。業種や職種の賃金相場は、ある程度認識しています。今と同じような仕事を続ける限り、どこが収入の限界値なのかを理解しています。

そもそも、サラリーマンとして稼げる業種や職種は限られています。本気でガツガツ稼ぎたかったら、もっと早くに外資系金融機関などへの転職にチャレンジしているはずです。

その上で、賃金を理由に転職をするというのは、何かウラがあるはずです。その真意を捉えずに改善を図ろうとするから、おかしな方向に向かってしまうのです。

実は、日本全国には、似たような発想で問題を乗り切ろうとしている会社がたくさんあります。**私は、これまでに企業で通算１２００名以上のヒアリングを行ってきましたが、職場の「本当の問題」を把握して改善を実行している会社は相当少ないと断言できます。**残念ながら、これが現実なのです。

職場の問題を知るために必要なもの

結論からいいます。**職場の本当の問題を知り、改善するために必要なのは、「ツール」や**

「ノウハウ」の前に、管理職を起点にした職場内のコミュニケーションです。

管理職が職場の問題を聞き出し、改善をサポートする。これが難しいようで最短の道です。

逆にいえば、管理職が適切に機能しない限り、どんな「ツール」や「ノウハウ」も絵に描いた餅でしかありません。

ハーバード大学のロバート・カッツ教授は、管理職に必要なスキルを3つに分けて解説しました。

1つ目は**テクニカルスキル**。業務遂行能力や業務知識と呼ばれるものであり、要するに実務を遂行するためのスキルです。

2つ目は、**ヒューマンスキル**。対人関係能力といわれるコミュニケーションや交渉、調整に関わるスキルです。

3つ目は、**コンセプチュアルスキル**。概念化能力といわれ、情報を概念化して本質をつかむ、先見性や洞察力などのスキルを指しています。

カッツ教授は、役職が上がるにつれて、テクニカルスキルの重要度は低下し、その代わり階層別に求められる能力「カッツモデル」

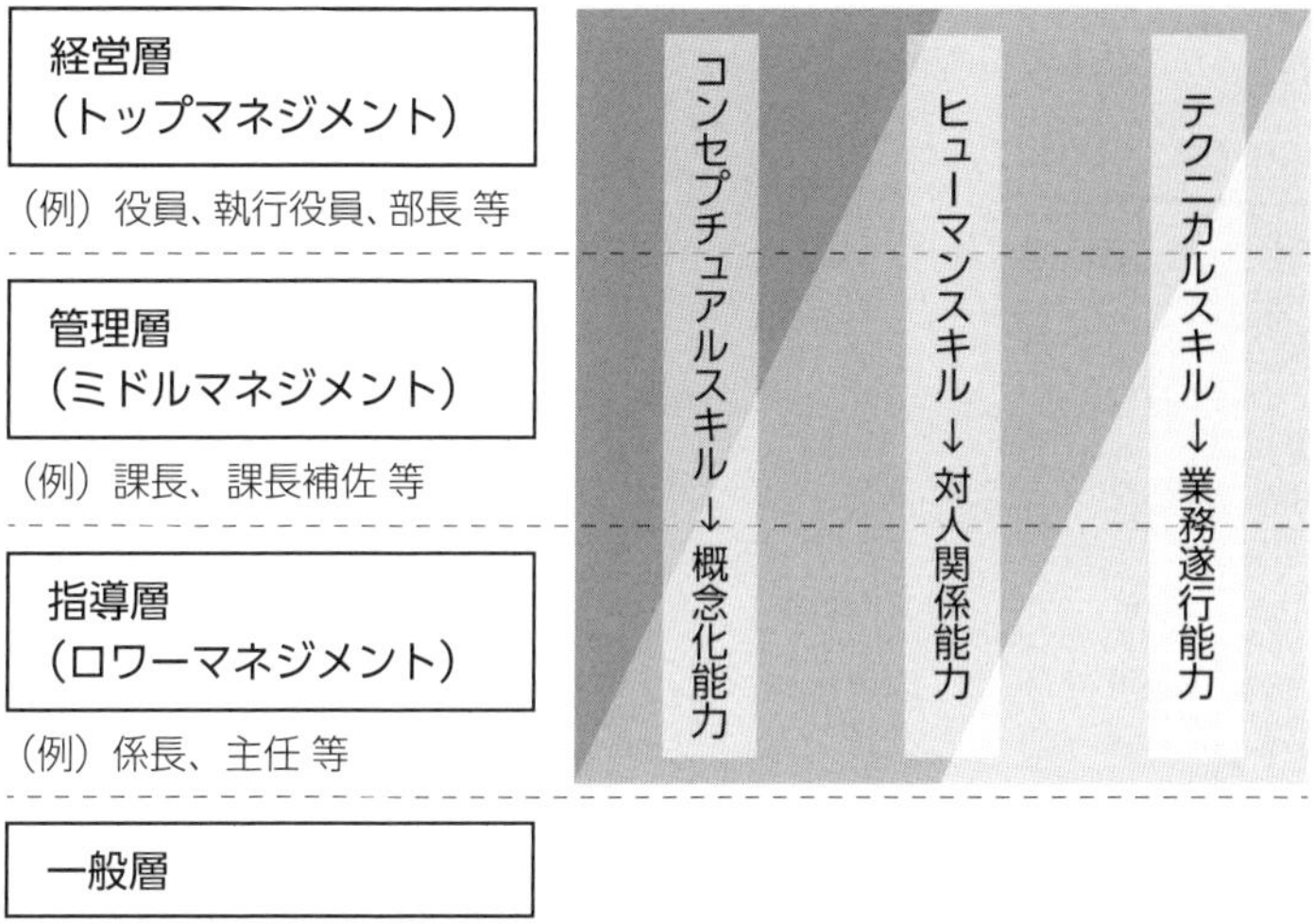
経営層
（トップマネジメント）
（例）役員、執行役員、部長 等
管理層
（ミドルマネジメント）
（例）課長、課長補佐 等
指導層
（ロワーマネジメント）
（例）係長、主任 等
一般層
コンセプチュアルスキル↓概念化能力
ヒューマンスキル↓対人関係能力
テクニカルスキル↓業務遂行能力

コンセプチュアルスキルの重要度が上がると指摘しています。そのため、経営者や管理職向けの経営理念や経営計画、目標達成などに関する研修や講座は充実しているのです。

ところが、ヒューマンスキルは管理職の中核を成すスキルであるにもかかわらず、現状では何ら対策をされていない、もしくはされていても1日研修を受講し感想文を提出するだけといった有様です。それでは、職場のコミュニケーションがうまくいかないのもうなずけます。

さらに、管理職には働き方改革やコロナ禍などの影響もあり、以前よりも過剰な負荷がかかっています。ところが、**会**

社は管理職に部下との面談などを実践するためヒューマンスキルをさらに強く要求します。

この厳しい経営環境の中、ヒューマンスキルが重要であるということだけはわかっているのです。私は、ここに大きな問題があると考えています。

職場の問題を改善するために、本当に必要なのは管理職のスキルアップです。 しかし、現状では管理職はないがしろにされています。

そもそも日本の管理職の多くは、管理職になるべくしてなっているわけではありません。ほとんどのケースでは、これまでの実績や実務スキルが評価されただけとなっています。管理職になるときにマネジメントスキルや適性は問われず、なってからも教育の機会が与えられないままなのです。

しかも、中小企業の管理職の多くは、職場改善や部下育成についての研修を受ける機会がほぼ皆無です。

大企業でも、本社の一部の社員は研修を繰り返し受けていますが、それ以外の関連子会社などでは、一般的な中小企業と似たり寄ったりの現状です。

企業は、若い世代への教育投資や、前述した「HRテック」などのシステムへの投資には前向きですが、管理職への教育には無関心です。

その状況で仕組みを導入するだけで自動的に機能すると考えるほうがどうかしています。

象徴的なのが、**1on1ミーティング**です。文字通り、上司と部下が1対1で行う対話のことです。

1on1ミーティングは、もともとアメリカのシリコンバレーなどで行われていたものが、日本企業でも注目されるようになりました。部下の成長を促し、部下の悩みに寄り添うために有効な手段とされています。

けれども、**手段の有効性と、それを導入して効果が出るかどうかは別問題。何度でも繰り返しますが、「いいノウハウがあるから導入する」だけでは、失敗が目に見えています。**

私自身、企業の人事担当者から、「うちは1on1ミーティングを始めたので、職場内のコミュニケーションについては適切な手を打っています」と自信満々にいわれることがあります。頭がクラクラしてきます。

よくよく話を聞くと、シートを渡して毎週金曜日に上司と部下が1対1で面談するように指示を出しているだけ。実際に、彼らがどんな状況で面談をして、どんな会話を交わしているのかまでは把握していません。

私が見た範囲では、多くの会社で１ｏｎ１ミーティングは形骸化しています。

「最近何か問題はありませんか」（上司）
「はい。○○の件が難しいのですが、頑張って進めていきます」（部下）
「そうか、引き続き頑張りなさい」（上司）

極端にいうと、お互いにマンネリ化してきて、前述のようなやり取りが毎週繰り返されます。見えてくるのは、誰でもわかるような表面的な問題だけです。

部下は本当に困っていることを打ち明けようとはしません。私はこれを**「最近どう？面談」**と呼んでいます。

上司に問題を聞き出す能力がなく、部下も上司を信頼していないのですから当然です。最終的には、お互いに面談自体が面倒に感じられてきます。

私にいわせると、「最近どう？面談」は面談を「やっていない」のと同じです。職場の問題を聞き出し、改善につなげるような面談でなければ意味がありません。

むしろ、**なまじやっていないより、「中途半端にやっている」ほうがたちが悪いといえま**

す。「やっているから大丈夫」と安心している企業は、職場の問題がさらに悪化する可能性があるからです。

くどいようですが、このようなことになっているのは、「紙のシート」や「エクセル」を使っているからではありません。１on１用の「クラウドシステム」を使えば解決すると考えるのは間違いです。ツールの問題ではないのです。

今、日本の企業では、管理職になることが一種の「罰ゲーム」と化しています。責任は上がるけれど、管理職手当はわずか。経営層と部下との板挟みで毎日顔色が悪い。これでは若手が管理職になりたくないと考えるのもうなずけます。

この本では、そんな管理職の人や管理職教育について考えている経営層、人事部の人たちに向けて、職場の問題を解決していく方法について、順を追って紹介していきます。

会社は働き方改革やコロナ禍などの影響もあり、ますます管理職に多くのことを要求してきます。労働時間の削減への取り組みはもちろん、コロナ禍により急速に進んだテレワークへの対応もあります。にもかかわらず、労働時間や研修予算の削減により、そもそも少ない管理職の教育機会が、さらに削減されていくことでしょう。

だからこそ、**管理職は自らスキルアップをしていかなくては、これからの時代を「生き残る」ことは難しい**といえます。

そのような中、積極的にスキルアップし、職場の問題を解決して成果を出そうと考えている管理職や経営層、人事部の方たちのお役に立つことができましたら、著者としてこれ以上の喜びはありません。

IMPROVEMENT

第1章

働き方改革時代の「職場環境」を考える

IMPROVEMENT

若手社員は早く帰り、ベテランの管理職が遅くまで残るという矛盾

働き方改革の理想と現実

２０１９年４月から働き方改革関連法の一部が施行されました。これにより、残業時間の「罰則付き上限規制」が設けられました。

具体的にいうと、残業時間は原則月45時間、繁忙期であっても月１００時間未満にするなどの上限が定められています（中小企業は２０２０年４月からの実施）。

今までは、残業時間の上限に法的な規制はありませんでしたが、**残業時間が上限を超えると罰が科されるリスクが生じた**のです。

もとはといえば、働き方改革の法制化が進んだのは、電通の過労自殺問題など、長時間労

働の弊害が叫ばれるようになったから。その意味では、残業に法規制が導入されたのは良いことのようにも思います。

しかし、現実はそう単純ではありません。企業の中には、とにかく「残業するな」「定時退社を徹底しろ」「早く帰れ」「有給休暇を取れ」の号令をかけて、**残業規制に帳尻を合わせようとするケースが多く見受けられます。**

特に大企業では、有給消化率が悪い部署で、管理職が人事部から厳しく指導される実態があります。

残業削減のしわ寄せを受けるのは管理職

本来、順序としては、「仕事のやり方を改善して生産性を高める→残業時間を減らす」、が正しいはず。そのために、「職場内で情報を共有して属人的な仕事をなくす」、「ＩＴやＡＩを活用した効率化のためのツールを導入する」、などの取り組みを行っていくわけです。

しかし、仕事のやり方はそのままで、人員を増やすこともなく、残業時間だけを削減しようとするとどうなるでしょうか。

当然ながら、歪みが生じます。結果として、そのしわ寄せが管理職や仕事ができる人に集

中してしまう。これが、現在あちこちの職場で現実に起こっている問題なのです。

仮に今、夜間に窓から明かりがもれているオフィスビルがあったとして、その職場を訪ねていったら、残っているのはほとんどが30代以降の社員ではないでしょうか。20代の社員が一人職場に残って黙々と仕事をするというのは、もはや想像しにくい時代となっています。

働き方改革を行った結果、本来より多くの実務を経験してスキルアップするべき若手社員が早く帰り、すでに実務スキルを身につけている社員の負担が増すという矛盾が起きているわけです。

「休日を増やせばいい」という間違い

そもそも日本は先進国の中でも祝日が非常に多い国です。それなのに、「休みをもっと取らないと従業員が過労死してしまう」と問題になっています。普通に考えて違和感があります。

要するに、「みんなが休むなら自分も休むことができる」「みんなが残業していると自分も残業しなければならない」というのが社員の本音です。いわゆる「右にならえ」の発想です。

根本的な問題は、「周囲の手前、休みをとりにくい」「周囲が無理をしているのに自分だけ楽をすることはできない」という**同調圧力**にあります。

疲れているときには適度に休息を取り、回復に努めてから仕事をする。この誰にとっても必要な体調管理の基本がないがしろにされ、**「管理職は率先して誰よりも仕事をするのが美学」といった精神論が優先されると、管理職がダウンするのは時間の問題**です。さらにいえば、管理職に過度に率先垂範を推奨すると、もはや管理職になりたいという社員はいなくなってしまいます。

必要なのは、これ以上強制的な休みを増やすことではなく、業務改善を行い、職場から同調圧力を取り除くこと。そして、社員一人ひとりが「休む勇気」を持つことです。これが本当の改善策です。

本質的な改善をしようとせず、「働き方改革なので、とりあえずなんとかしなければならない」という理由で休日を増やそうとするのは間違いです。これでは、管理職や仕事ができる人にしわ寄せがきてしまうだけなのです。

IMPROVEMENT

労働時間規制がきつ過ぎて、もう上司は部下を育てられない

変化しつつある人材教育

スポーツを例に考えるとわかりやすいと思いますが、まったく練習をしない野球選手が、教則本だけを読んで一流のプレーヤーになるというのは非現実的です。実は、これと似たような状況にあるのが日本の職場です。

かつては、管理職である上司が部下に仕事を教える時間的な余裕がありました。それも含めて残業時間が伸びていたという背景がありました。

上司が部下にちょっと難易度の高い仕事を与える。部下がうまくいかずに悩む。上司はあえて手を出さずに見守り、「どうすれば良かった?」と問いかける。そこで部下が仕事の適切なやり方を覚えて成長する――。そんなふうに、じっくり時間をかけながら若手社員の成長

が促されていたのです。

ところが、最近の職場では、テレワークの普及も手伝って、社員教育の手法としてeラーニングが活用されるようになってきています。要するに、スキルは個々の責任で身につけてほしいという理屈です。**社員にとっては「育成」も自己責任になってきているのです。**

一部の会社は、社員にeラーニングを課して、ログインしている時間帯や学習の進捗状況を人事部で管理しています。もちろんeラーニングには、ビジネスマンとして汎用的なスキルを身につけるためには使い勝手が良いなどのメリットもあります。ただ、現場のOJT（オン・ザ・ジョブ・トレーニング）を完全に代替できるかというと疑問です。

現場における実践ならではのノウハウを養成する手段が少なくなっている。そのため、実践における「想像力」が働き、臨機応変に対応できる部下を育てることが難しくなっている。

そこに問題があります。

「若手が育たない」という大問題

前述したように、**現在は上司が部下を指導する時間的な余裕はなくなっています。であり**

ながら、会社からは残業を減らすようにプレッシャーをかけられています。下手に部下に仕事を任せて失敗されても、それをフォローする余裕もないので、無難にできそうな実務を中心に仕事を振ります。当然、若手は伸びません。

一方、**若手は「できる仕事」ばかり与えられているので、「自分は仕事ができる」というおかしな自尊心を高めていきます。**結果、上司はますます部下に仕事を任せられない、部下は成長しないというドツボにハマっています。

もちろん、会社としては、このまま管理職に負荷をかけ続けるわけにはいきません。現実に、管理職のメンタルヘルス不調のリスクも高まっています。

しかし、タイミングを同じくしてコロナ禍の時代に突入してしまいました。そのため、**上司と部下が直接顔を合わせる機会が減少し、さらに若手社員への現場教育は滞っています。**

このままでは、若手社員が育たないまま。将来的に、組織内で大きな問題となるのは間違いないでしょう。

若手社員は将来的に生き残れるか？

若い社員が残業をしなくても良くなった。それだけを見ると、職場環境が改善され、社員が幸せになったように思えますが、私は若い人にはつくづく気の毒な時代になったと考えています。

私は、いわゆる「ブラック企業」の経営者や管理職の中には、実はホワイトな人も一定数いると思っています。若手の育成に真剣であるという意味において「ホワイト」ということです。

経営者や管理職の中には、自分の余暇を削ってでも若手に仕事を教えてあげたいと使命感を持っている人もいます。**いずれＡＩ（人工知能）やロボットなどが本格導入されたときに、若手社員が生き残れるかどうかを案じているの**です。

近年、コロナショック以前は売り手市場でしたから、いわゆる「ロスジェネ」といわれる世代と比較すると、若手社員の数は会社内で相対的に多い状況にあります。そのため、ＡＩやロボットなどが本格導入された頃には、中間層となった現在の若手社員がダブつくおそれもあります。もしかしたら、彼らが真っ先にリストラの対象になるかもしれません。

「残業を増やしてもいい」という発想はブラックなのですが、若手を育てたいという気持ちはホワイト。彼らはこの矛盾に悩んでいます。つまり、**量をこなしてこそ、仕事が身につき、**

その結果、質が向上する。だからこそ、若手社員に量を経験させてあげたい。しかし、働き方改革で仕事を教える時間がないので困っているのです。

ましてて、コロナ禍によりテレワークを導入している会社においては、若手社員へ直接教育する機会が大きく減少しているので、なおさらです。

働き方改革は「パソコン仕事」中心に進められている

これまで日本の製造業などは「クオリティの高さ」を一つの売りとしてきました。実は、このクオリティの高さは、労働時間の引き延ばしによって生み出されていたという側面があります。

本当に良いものを作るためには手間と時間がかかる。反対に、時間を減らせば必然的にクオリティが下がってくる。単純な理屈です。

極端に労働時間が減らされたら「雑にやればいい」という結論になります。このようなことから、いずれ日本企業の強みは失われていくのではないか、と私は予測しています。

残業が減るのと比例して、仕事のクオリティが下がる。私がそういうと、「短時間で効率よく生産性を上げるのが働き方改革の本質であり、残業を前提としたクオリティ維持の時代は

部下の成長の5ステップ

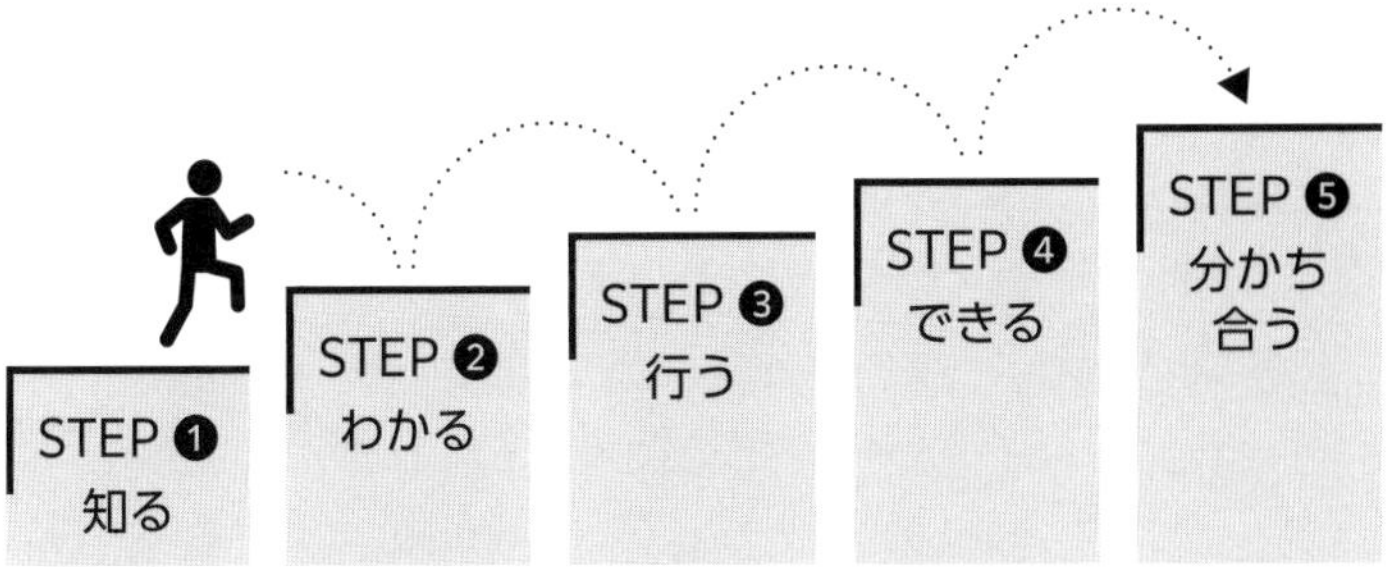
STEP❶
知る
STEP❷
わかる
STEP❸
行う
STEP❹
できる
STEP❺
分かち合う
上司が部下に説明する
部下に研修を受けてもらう
理解した内容を部下に話してもらうなどの確認作業を行う
部下が行動するときは、積極的に動けるように後押しをする
上司の補助なしで行動し、結果を出すことができる
自分ができた事を説明したり、他の人へ教えたりする
終わった」という反論を受けるかもしれません。

でも、私はそうした反論は、「パソコン仕事」中心の人たちによって生み出された一方的な理屈だと考えています。

人の成長に関して参考になる「成長の5ステップ」という考え方があります。ここでは、人の成長を、「①知る」「②わかる」「③行う」「④できる」「⑤分かち合う」の5段階で説明しています。

「①知る」は知識を得ることで、「②わかる」は知識を得た上で理解することです。そして、その知識をもって実行することが「③行う」です。

私は、部下の成長を支援するときに重要なのは「①から③までをフォローすること」だと考えています。つまり、仕事をする上では知識を得て理解するだけでは不十分で、実際にやってみる場や機会を提供しなければ、部下はできるようにはならないのです。

たとえば機械を使っている人は、機械を触らないと技術を習得できない。シェフは料理をしないと成長できないのです。ところが、これらを**反復練習するためには、職場の環境が不可欠です。職場以外の場所でもできる仕事ばかりではありません。これが現場のリアル**なのです。

パソコン1台で仕事が完結する人は、仕事の場所も時間も選べます。だからテレワークを導入してもうまくいきます。

そういった**一部のパソコン仕事の人主導で働き方改革が進められるから、現場でスキルアップしたい人や現場でしか仕事ができない人が割を食うという構造になっている**のです。

IMPROVEMENT

企業は若手社員とシステム導入には投資するが、上司には投資しない

教育をしてもらえない上司たち

「若手社員の残業時間が削減される反面、管理職の負担が増える」
「労働時間管理が厳しくて、管理職が部下に仕事を教える時間的な余裕がない」

こういった企業の現状を見るにつけ、上司が置かれている環境の厳しさをご理解いただけると思います。にもかかわらず、会社は、まったくといっていいほど上司をサポートしていない現状があります。

企業は、若手社員とシステム導入には投資をしても、職場の要となる管理職には投資をしま

せん。

一般的に、企業は新入社員にビジネスマナー研修などを受講させますが、その後の教育投資は、企業規模によって異なります。

大企業の場合は、若手社員が実務に関しての研修を受ける機会がたびたびあります。一方で中小企業は、そこまで研修でフォローをせず、現場のOJTを中心に育成を図る傾向があります。**いずれにしても、若手社員の教育に力を入れ、管理職教育が後回しになっているる**という点では共通しています。

システム導入よりも後回しにされる管理職

また、前述しているように、企業はシステム導入にも躍起になっています。

経営者は、「**データによる見える化**」「**AIによる効率化**」などのフレーズが大好物です。それらをもたらすツールがあると聞くと、一も二もなく飛びつく傾向があります。

データによる見える化の代表格が、**HRテックによるモチベーション管理**などです。

AIによる効率化には、**経理作業のクラウド化**などがあります。たとえば、領収書をスマホで読み込むと、自動的に仕訳ができるようなサービスが提供されています。

このように効率化を進めれば作業時間が短くなり、コスト削減も期待できるので、経営者が前のめりになる気持ちもわかります。

たしかに、経理のようにルールが共通していて、各企業ごとにほとんど違いがない仕事では、システム化による恩恵が大きいのは間違いありません。人が処理しても、ＡＩが処理しても結果が同じ。この場合、速くて確実なＡＩを導入するのは理屈が通っています。

しかし、たとえば「部下の失敗」を同じように扱うことはできるのでしょうか。

一言で「失敗」といっても、「リスクをとって勝負した結果の失敗」と、「過去の失敗を繰り返してしまった不要な失敗」とでは評価が異なります。これはシステムでは判断が難しいといえます。

本来、それを適切に評価して会社に報告したり、共有したりするのは上司の役割です。その役割を果たせなければ、職場全体が停滞してしまいます。

このように、上司の仕事は相当困難です。なのに、なぜか軽視されているのです。

少し前に、人事業界では、「**ティール組織**」というものが流行しました。

ティール組織とは、簡単にいうと、上司から指示命令を受けて仕事をするのではなく、自ら意思決定して自分らしく働く人たちからなる組織のこと。

『ティール組織――マネジメントの常識を覆す次世代型組織の出現』（フレデリック・ラルー、英知出版）という本をきっかけに注目を集め、日本でもティール組織をテーマにしたセミナーや勉強会がさまざま開催されました。


社員全員が自発的に行動することができ、勉強熱心で、職場改善への意欲も高く、自ら目標設定し達成できるのであれば、ティール組織は実現するでしょう。

けれども、**本当に日本の職場はそこまで成熟しているのか。私は非常に懐疑的です。社員全員が自立しているわけではないのに、ティール組織を実現しようとしても不可能です。**

私がさまざまな企業で１２００人以上もの方々とお話しをしてわかったのは、社員によって「常識」はバラバラであるということです。日本の職場は、まず基本となる常識をすり合わせるところから始めなければいけないというのが実情です。そこを理解せずに、闇雲に「生産性を上げろ」「システムを導入すればいい」というのは優先順位が間違っています。

企業は、職場の共通理解を形成するために、管理職をサポートすべきなのです。

IMPROVEMENT

会社発信の場当たり改善が本当の問題

会議をしても問題が出てこない理由

会社の側にも、職場の問題を改善しようとする意思はあります。

そこで、定期的に問題を洗い出し、業務改善につながる取り組みが試みられています。代表的なのが、会議の場で職場のメンバーがブレーンストーミング的に問題を提示し合うという手法。ホワイトボードや付箋などに書き出し、改善法を考えていくのが一般的です。

しかし、**上司や管理系部署の人が見ている場で、社員が「本当の問題」をいい出すわけがありません**。だからといって、会議中ずっと沈黙していると「やる気のない人」という評価がくだされてしまいます。

そこで、多くの社員は「当たり障りのない問題」を発表します。その後、当たり障りのない問題の改善方法を話し合い、改善を実行することになります。つまり、職場はほとんど変わらないままです。

会社発信の改善の問題点は、現場を無視して全体最適を目指してしまうところにあります。

たとえば、ある現場では「部長がなかなかハンコを押してくれないから、決裁が通らずに仕事が滞ってしまう」という問題を抱えています。職場は少なからず、こうした属人的な問題を抱えています。

ただ、ブレーンストーミングの場で「部長がすぐにハンコを押さないのが問題です」という出す人はいません。部長がそれを望んでいないのがわかっているからです。

このように、会社発信の職場改善は属人的な問題には触れず、どこまでいっても上滑りします。実は、会社で行われている改善のほとんどは、こうした会社発信の「場当たり的な改善」です。職場改善が「何となくうまくいかない」「何となく自然消滅する」というような結果をもたらすのも、そのせいです。

あるいは、「ただ上司が部下に声をかけているだけ」という、もっとひどいケースもあります。

私は経営者から「うちの会社では毎日積極的にコミュニケーションを取っている」と自信満々にいわれることがあります。でも、調べてみると、ただ上司が一方的に声かけをしているだけ。まるで会話になっていないのです。

なぜか、「大きい声で何かを話している＝コミュニケーションを取っている」と誤解している人がいるのですが、これでは職場改善につながるわけがありません。

いずれにしても、**本音では誰も会社が変わるとは信じておらず、やる気になっているのは経営者や管理部署だけ**です。会社発信の職場改善は、2～3か月後には立ち消えになるということの繰り返しです。

▨本当に変えたいと思っている人もいる

もちろん、職場の上司の中には、職場の「本当の問題」を理解し、歯がゆい思いをしている人たちも大勢います。ただ、組織の中で**忖度しない上司はきわめて少なく、自分一人で一念発起しても「数の論理」で排除される**のが運命づけられています。

私は、現場からの叩き上げで、本社の人事部などで必死に取り組んでいる人とお会いする機会がよくあります。そういった人から、開口一番「改善の必要も、何を改善すべきかもわかっているけど、自分たちではやれることに限界があるんです」と訴えられることもしばしばです。**彼らは本当の問題をいうにいえず、悩んでいます。**

中には、私のような外部のコンサルタントが関わってくれるのを待っていた、という人もいます。

「これで改善できなかったら、年齢的にも、もうこの会社をあきらめて転職しようと思っています」

「大橋さんが本気でやってくれるなら、私は覚悟を決めてとことんお話をしますよ」

などと、覚悟を示される方も一人や二人ではありません。

私の経験からいえば、本気で会社を変えたいと考えている管理職は確実に存在します。本書では、そういった管理職に向けて、現実的に実践できることを提案したいと考えています。

「本当の問題」は潜在化する

社内コミュニケーションには気を配っています。こまめに現場の意見を拾い上げて、改善の提案には迅速に対応しています
経営者層
問題はわかっていますが、できることには限界があります。「数の論理」で排除されるし、上層部に言えないこともあります
上司
上司にまつわる問題や属人的なことは会議で意見しづらいです。黙っているわけにいかないので、当たり障りのないことを言います
部下／スタッフ

第1章 まとめ

□管理職に仕事を集中させれば残業削減になるというのは間違い。単に「早く帰れ」というだけでは管理職が犠牲になるだけ。

□働き方改革の影響で、上司が部下を育てる時間がなくなっている。その影響で部下が育たないという現象が起きている。仕事はパソコンで完結するものだけじゃない。

□上司になるということは、実務以外に部下育成などの新たな業務が加わるということ。にもかかわらず、上司が育成される機会はほとんどといっていいほどない。

□会議をしても当たり障りのない課題しか出てこない。しかし、本気で改善したいと思っている人もいる。最近流行のノウハウや思いつきで改善するのではなく、いかにスタッフの本音を引き出して現場に合った改善ができるかがポイント。

IMPROVEMENT

第２章

なぜ、職場の風通しの悪さは〝見えない〟のか？

IMPROVEMENT

部下は上司に忖度し、上司は会社に忖度する

どうして部下は忖度してしまうのか

この章では、職場環境の悪さが、どうして改善されないまま放置されがちなのか。その理由について掘り下げていきたいと思います。

まず1つ目に、部下が上司に対して忖度している。この事実に、上司自身が気づいていないという問題があります。

自分が部下だったときを振り返ってみると、それなりに本音と建て前を使い分けながら上司に対して話していた。それなのに、上司になると、なぜか「部下が自分に本音で話してくれない」と不満をもらす人がいます。

部下の本音を引き出そうとすれば、信頼関係と相応のスキルが必要です。部下が当然のように本音で話してくれると期待するほうがおかしいのです。

「チクリ文化」「ヌケガケ文化」というハードル

では、どうして部下は上司に忖度してしまうのか。

これは**「チクリ」と「ヌケガケ」という日本独特の文化に原因があります。**実は、これが職場の最大の問題といっても過言ではありません。

「チクリ」とは告げ口や密告を意味する言葉で、告げ口する人自体も指します。日本では、他の人に隠れて上の立場の人に話をする行為を否定的に捉える傾向があります。陰口も不正の告発も一緒くたにして、すべて「チクリ」と扱われてしまうのです。

職場に直すべき問題があって、それを上司に内密で相談すると、チクリとみなされてしまう。すると、職場の人間関係がギスギスして、余計働きにくくなるかもしれない。そう考えると、多くの人は相談することに躊躇してしまいます。結果として、問題を見て見ぬふりしてしまうのです。

部下が勇気を持って問題の相談を決意したとしても、今度は「ヌケガケ」という別のハードルが待ち構えています。「ヌケガケ」とは、他人を出し抜いて自分だけ先に物事をすること。これも、内容の善悪以前にタブー視される行為です。

誰かが会社の問題を相談しようとすると、「自分だけいい子になろうとするな」と非難される。この風潮が、そのまま職場の風通しの悪さに直結しています。

私が見てきた事例では、どんなに先端を行く企業であっても、チクリ文化とヌケガケ文化は存在していました。チクリ文化とヌケガケ文化がはびこっている企業では、どんなに報連相研修を行っても成果が出ません。

優秀な部下は、職場の問題を的確に把握しています。けれども、それを正直に報連相すると問題になるのが目に見えています。ですから、どんなに上司が「何かあったら話しなさい」といっても、何もいってくることはないのです。

上司は、こういった部下の心理についてきちんと理解しておかなければなりません。

IMPROVEMENT

日報や社内ＳＮＳで、職場の問題は見えるようになるか？

日報が効果的なのは２点だけ

日報や社内ＳＮＳを通じて職場の問題を共有しようとする試みもありますが、ほとんどの企業で機能していません。大抵の場合、日報はコピーアンドペーストをしているだけとなっています。

まず、**日報が役割を果たすのは「作業改善」と「原価計算」の２つである**、と私は考えています。日報を通じて作業改善が促されるケースは確かにあります。また、日報で社員の作業時間がわかれば、その人の時給をもとに製品にかかった人件費を算出できるので、原価計算をすることができます。

逆にいうと、日報の役割はその２点だけです。**日報で作業に関する問題を書くことができ**

ても、人に関する問題を書くことはできない。これは、ブレーンストーミングで本当の問題が出てこないのと同じです。

社内SNSならフランクに情報共有できる、というのも大きな誤解です。

というのも、**社内SNSには、過去の記録がすべて残ります。残るとわかっていて、わざわざ問題を書こうとする社員が、いったいどれだけ存在するでしょうか**。

むしろ、社内SNSを導入した企業には弊害が目立ちます。

私が知っている事例では、上司が、自分の上司にはSNSで丁寧にコミュニケーションを取っているのに、部下に対しては雑な言葉遣いをしているというものがありました。「見える化」されたのは、旧態依然としたタテ関係だけという、笑うに笑えない状態です。

あるいは、社員の名前が削除されることで、他部署の社員にも「あの部署の○○という人が退職したらしい」と一瞬でわかってしまう問題もあります。この場合は、**離職率の高さが「見える化」されてしまう**わけです。これでは、社内の雰囲気が悪くなるのも当然です。

▨社内SNSは連絡手段に特化すべき

社内ＳＮＳを導入するなら、必要事項の連絡手段に特化する。私は、これがベストな活用法だと考えています。単に連絡手段として見れば、確かに社内ＳＮＳはわかりやすくて便利です。メールで連絡を取るよりはるかに効率的でしょう。

これを人の改善にも使おうとするから無理が生じるのです。

ちなみに、社内ＳＮＳは直接改善につながらないまでも、コミュニケーションの活性化に役立つ、とする主張もあります。具体的にいうと、今自分が取り組んでいることや職場のささいな出来事を報告し合って、お互いを理解しようとする試みです。

ただ、これはあくまでも、文字通りの「雑談」です。本当は「社内ＳＮＳで雑談をしているヒマがあったら仕事をしたい」という人も、雑談に付き合うことが義務化していきます。雑談にコミットしないと、社内の取り組みに消極的な人という烙印を押されて人事評価でもマイナスになるので、せっせと雑談を投稿する。結果として、雑談のために業務が後回しになるという本末転倒が生じているのです。

社内ＳＮＳが評価のベクトルをねじ曲げるケースも

考えようによっては、社内ＳＮＳでの少々の雑談は許容範囲です。しかし、中には深刻なケースもあります。

「あなたのあの仕事は最高！」などと、社内SNSを通じてポイントを与え合う仕組みを採用するパターンです。簡単にいうと「いいね！」をポイント化する仕組みです。

このポイントは、人事評価の対象となり、ボーナスの査定にも関わります。一歩間違うと、仕事の成果とは直接的関係が薄い要素が大きく評価されてしまうことがあります。

「展示会の準備をしているとき、重い物を一緒に持ってくれた」

「笑顔がいつも素敵」

など、評価のベクトルがどんどんおかしな方向に向かっていき、本来の業務から離れていきます。**仕事に集中するあまり、社内SNSで発言しない人が「会社に対するコミットが低い」と評価されてしまう**。これでは仕事に対するモチベーションも低下します。

かといって、やる気を装って社内SNSに積極的に投稿し続けるのも大変です。いずれにしても、職場の問題解決にはつながらないのです。

IMPROVEMENT

上司は責任をすべて押しつけられる

部下が強過ぎるという問題

３６０度評価という評価手法があります。これは、上司や部下、同僚など、多角的な視点から対象者を評価する人事評価制度です。より公平・公正な評価につながるメリットがあるとされ、多くの企業で取り入れられています。

一方で、３６０度評価にはデメリットも指摘されています。上司と部下とでは、部下のほうが人数が多いので、人気投票のような形で運用され、上司の評価が下がってしまうリスクがあるのです。

また、**部下に嫌われたら評価が下がることを気にするあまり、上司の指導が及び腰になってしまう**可能性もあります。

実際に私が経験した事例では、**部長からは評価されているのに、いつまでも昇格できない管理職**がいました。部長が人事部に確認したところ、360度評価では**部下からの評価が芳しくない**というのです。

実際のところ、その管理職の指導に問題があるのかもしれませんが、単に部下の好き嫌いで不当な低評価を受けているだけの可能性もあります。

こういった「部下が強過ぎる」状況は職場環境の悪さへとつながることがあるのです。

役員による現場ヒアリングという悪夢

以前、私のクライアントのエリアマネージャーから、このようなエピソードを聞いたことがあります。

その会社は全国的に多数店舗を構える大手企業で、現場は社員2割・アルバイト8割で運営しています。

全社的な改善に向けて、社長や役員が直接店舗を回り、売上やお客様のこと、エリアマネージャーや店長の働きぶりについて、社員やアルバイトにヒアリングをしていくことになりました。特にエリアマネージャーや店長の働きぶりについては、重点的にヒアリングをしていくことになりました。

社長や役員が現場に足を運んでスタッフとコミュニケーションを取る。「まったく反対する余地はない。現場を大切にして、とても良いことなのでは？」と考える人もいるかもしれません。

しかしながら、**その現場ヒアリングは、管理職の問題点を指摘するだけの場と化してしまった**ようです。

よく考えてみると、**社長や役員がわざわざ訪問してくるからには、何かしら問題を報告しなければならない**という意識がスタッフに働きます。しかし、その問題を社長や役員のせいにしては、自分自身の立場がなくなってしまいます。だからといって、自分のせいにするのはリスクが高過ぎます。

そのため、**社長や役員が改善のために現場へヒアリングに行くと、管理職への不満が噴出するというのは、ある意味で必然**なのです。社長に対して、「あなたの経営手法に問題がありますよ」と指摘できるスタッフは一人もいないからです。

何か問題点を報告しないと、日頃からやる気がないのではと思われてしまうとプレッシャーをかけられたスタッフは、**一番いいやすい管理職のことを口にします。**

その会社では、アルバイト数人が「うちのエリアマネージャーは、最近全然店舗に来てくれない。ちゃんと店舗のことを見てくれているのか心配だ」と話したようです。

それだけではなく、「店長はいつも売上のことしか考えていなくて、衛生管理がずさんなんです。前に改善してほしいと伝えたのに全然変えようとしてくれなくて」とも話していたようです。

その結果、そのエリアマネージャーは、社長に呼び出されて、厳しく叱責されました。

しかし、エリアマネージャーにも事情や言い分はあります。

最近店舗に行けなかったのは、別の管轄店舗が相当な人手不足だったため、自分自身が入店していたから。また、店舗の衛生管理に関しても、面談をして改善プランを立てるなどして店長に再三指導をしてきました。それにもかかわらず、社長はエリアマネージャーの言い分を聞いてはくれませんでした。

「担当エリアで起こった問題はすべて管理者であるエリアマネージャーの責任」

このエピソードを話してくれたエリアマネージャーによると、あまりの理不尽さに耐えかねたその叱責されたエリアマネージャーは、残念ながら辞めてしまったとのことでした。

崩壊する管理職のモラル

このように、**得てして職場の問題はすべて上司の責任にされる傾向があります。**現場で奮闘している上司にしてみれば、経営者からの一方的な非難は耐えがたいでしょう。

「自分はこんなに必死で現場を回しているのに、とんでもなく高い目標だけ与えられて、改善するためのサポートもなく、あげくの果てに叱責されるだけなんて納得いかない。まして、管理職手当をたくさんもらっているわけでもないのに」

そうやって管理職のモチベーションは次第にダウンし、会社への関心が薄れていき、やがて改善しようという人がいなくなってしまうのです。

IMPROVEMENT

最新のノウハウより「報連相」について今こそ考えてみる

目安箱は「チクリ箱」

職場の問題を広く拾い上げる手段として、「目安箱」を採用する会社もあります。「目安箱」は、改善案や意見などを匿名で投書する仕組みです。文字通りポストのような箱に投書する仕組みだけでなく、メールやクラウド上でメッセージを送る仕組みもあります。こうした投書を、社長が直接チェックするケースもあります。

こういった目安箱の仕組みは、私が見る限りうまく機能していません。なぜなら、前述のように、職場の問題の根幹に「チクリ文化」があるからです。

目安箱も、最終的には「チクリ箱」と化してしまい、特定の社員が集中的にやり玉にあげられるようになります。

やり玉にあげられた社員も、目安箱で非難されていることを暗黙のうちに察します。そして不愉快な感情を「チクリ箱」を通じて別の社員にぶつけます。つまり、**チクリ合戦がエスカレートしてしまう**のです。


面と向かって自分の悪いところを指摘されたならまだ納得できるけれど、匿名で非難されるのは納得がいかない。この気持ちは、読者の皆さんも理解できると思います。

ですから、**本当に目安箱を機能させたいなら、最低でも実名での投書を義務づけるべきです**。その代わり、**投書した人が不利益をこうむらないことを会社として担保する**必要があります。

また、投書の根拠となるデータや資料などの材料も合わせて提示することを求める仕組みも良いでしょう。これによって、いいたい放題の「チクリ合戦」をある程度防げます。

なぜ自由に発言できないのか

では、そもそもなぜ現場の実態調査などと称して、目安箱のような仕組みが求められるのか、という前提にさかのぼって考えていきたいと思います。

会社が、匿名でもいいから意見を求めたくなる。それは、会議などオープンな発言の場で意見が出てこないからです。

たとえば、「自由に意見を述べていい」といっておきながら、何か職場の問題点を指摘した社員に、次のような反応が返ってくる場面を見たことはないでしょうか。

「君が不満に思うところは十分にわかった。では、この方針の対案を出してくれないか。反対意見だけなら誰だっていえるんだよ」

職場では、「対案もないのに勝手な意見をいうな」というフレーズをよく耳にします。しかし、**必ず対案を求められる環境では、人は自由な発言ができなくなります。**

「自分にはみんなが納得できるような対案がないから、本音では会社の施策に疑問があるけど、黙って従っておこう」

こう考える人が増え、職場の問題はことごとく潜在化してしまいます。

「報連相」を再評価してみよう

以上を踏まえると、匿名の目安箱を導入するよりも、対案がなくても問題を指摘できる心理的安全性の高い環境を作ったほうが職場の問題解決にはつながりやすい、という仮説が成り立ちます。

とはいえ、やはり会議やクラウド上で、自由に発言しようといってもそう簡単にはいかないでしょう。すでに何度もお話ししているように、公に発言すると干されるリスクがあるからです。

従来、職場のコミュニケーションは「報連相」という基本に集約されていました。いわずと知れた「報告」「連絡」「相談」です。

ただ、いつの間にか、クラウド上で情報を共有すれば代替できるという風潮が見られるようになってきました。私の周りでも「もう『報連相』の時代じゃない」と豪語する経営者がいます。

こういった経営者は効率化が大好きなので、職場でのコミュニケーションタイムの重要性に気づいていない可能性があります。そのため、上司は部下との報連相の時間を確保することが難しい環境にあるかもしれません。

しかし、何度でも繰り返しますが、クラウドシステムを設置するだけで、社内の重要な情報が共有できるというのは幻想です。そこでもう一度注目していただきたいのが「報連相」です。

上司と部下が「報連相」を通じて情報を共有する。職場の問題を聞くことができる機会があるとすれば、ここをおいて他にはない、と私は考えています。適切に問題を把握することなく、改善することはできないのです。

もし今、報連相のために部下との面談の機会を設けているけれど、効果が出ていない、あるいは効果が少ないと感じている場合、その面談自体が不要なのではなく、やり方が間違っている可能性があります。もちろん、新メソッドを探してきて、「これからの時代は、報連相ではなく雑相だ」などと言っているのではありません。現在行っている報連相のやり方の何が良くないのか。今一度、考えてみてほしいのです。

次章では、**部下との対面のコミュニケーションを通じて、上司が部下からどう情報を聞き出していけば良いのか**を考えていきたいと思います。

職場のコミュニケーションの基本は「報連相」

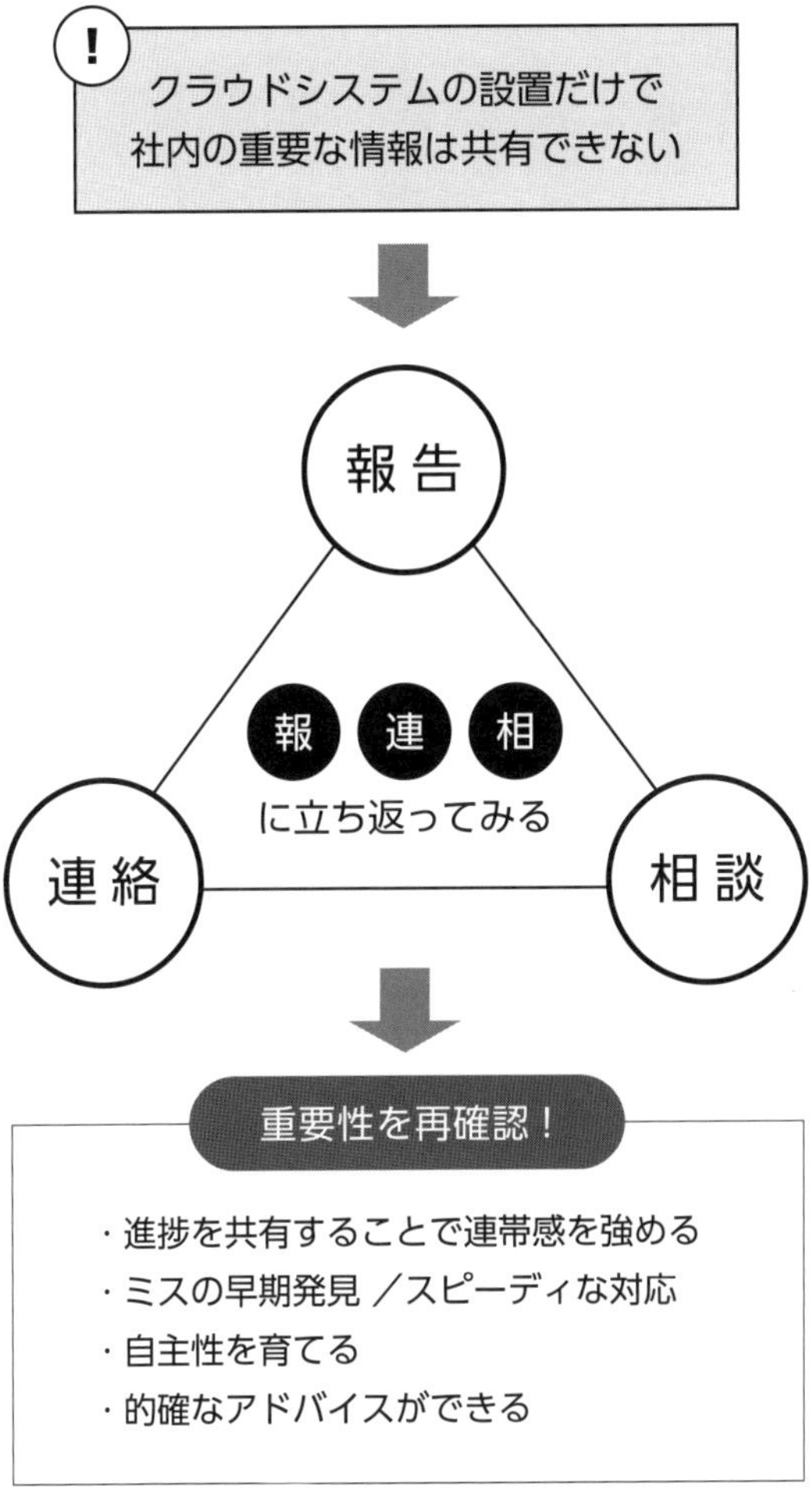

第2章 まとめ

□日本には「チクリ」「ヌケガケ」という特有の文化が深く根ざしている。だからこそ、部下は上司に忖度する。これにより上司や会社は現場の問題がどんどん見えなくなってしまう。

□日報や社内SNSをやっても、「チクリ」や「ヌケガケ」になりたくないので、本当の悩みや相談は上がってこない。あまりに強く社内SNSを進めたりすると、「笑顔が素敵」など表面的なことだけを評価してしまう風土が形成されてしまう。

□上司は、部下からは会社への不満、会社からは部下のマネジメントへの不満の板挟みにあう。上司は無理難題を押しつけられたあげくに、責任を都合良く押しつけられる存在となってしまっている。

□目安箱はチクリ箱と化してしまい、チクリ合戦になるリスクがある。対案なしでは意見をいえない社風があると、部下は発言できなくなってしまう。報連相を正常に機能させることが改善につながる。

METHOD

第３章

ステップ1

誰でもできる！職場の問題を「聞き出す」技術

METHOD 01

コンセプト共有法

「なぜそれをやるのか」を理解していない

職場の問題を、いったいどのようにすれば把握できるのか。

現在、クラウドシステムを導入して対応しようとする企業が増えています。しかし、**本書ですでにお話しした通り、それでは表面的な問題しか抽出できません。**

そこで、この章では管理職や上司が、職場の問題を聞き出すための具体的なテクニックを一つひとつ紹介していきたいと思います。

まず1つ目が、「コンセプト共有法」です。

そもそも、部下が会社から提案されるあらゆる施策に消極的な理由は、「**なぜそれをやるの**

かを理解していない」ところにあります。

理解していないから、「忙しいのになぜやらなければいけないのか」「必要性を感じないからやる気が出ない」という反発が生じてしまうわけです。

代表的なのが１ｏｎ１ミーティングの導入です。部下が実施の意義を理解していない状況で、会社の指示で個別面談を始めたところ、「何も話すことがない」無為な時間を繰り返してしまう、というケースがよくあります。

▨ 事前に目的とゴールを伝えておく

面談だけでなく、ミーティングや研修でも、事前に目的とゴールを伝えておくことが重要です。特に、普段からコミュニケーションに乏しい上司と部下であれば、なおさらコンセプトの共有は必須です。

面談をする場合は、冒頭で目的とゴールを伝えるのではなく、**数時間前、数日前などに伝えるの**がポイントです。「面談の目的は○○で、ゴールは□□だから、それについて事前に考えておいてほしい」と伝えておきます。

その際、**口頭＋メールで伝えておく**のがベストです。というのもメールだけで伝えると、細かなニュアンスを共有できないことから相互理解が不足し、目的やゴールについての認識がズレてしまう可能性があります。

また、口頭だけだと、「そんな話は聞いていない」「いや、事前に伝えたはずだ」の水掛け論に陥ります。そのため、口頭とメールの両方で伝えておくと、そういったリスクを低減できます。

正しく目的を伝えれば協力してもらえる

具体例をもとに考えてみましょう。

職場で残業が多いことが問題になっているとします。残業は単に「早く帰れ」とアナウンスするだけでは、基本的にほぼ減りません。

「なぜ残業が増えてしまうのか」という原因にさかのぼり、しっかり分析・改善する必要があります。

そこで、上司が職場のメンバーと個別に面談しようと考え、次のように声をかけました。

「残業を減らすために、面談をしていきたいと思う」

ミーティングや研修は事前に目的とゴールを伝える

◎ コンセプトを共有できている
○○○について
考えてきてくれた？
はい。○○○について
は こう思います…
× コンセプトを共有できていない
○○をしたいんだけど
○○○についてどう思う？
忙しいから 早く仕事
に戻りたいなぁ

するど、ほとんどのメンバーからこんな反応が返ってきました。

「業務が山積みで忙しいので、改善の余地なんてないですよ。それとも、お願いすれば人員を増やしてくれるんですか？」

このように残業を減らす相談を持ちかけると、忙しさをアピールする人が目立ちます。忙しさをアピールしておかないと、自分だけ楽をしているのではないかと疑われるかもしれないと警戒している可能性があります。

このため、このようなケースでは、**事前に目的が人事評価ではないことを明言しておく必要があります。**

「あくまで残業削減のために業務量を把握するのが目的だから、人事評価の対象にはならない。だから、面談の前に平均的な1日の行動を30分刻みで書き出しておいてほしい」

あらかじめこのように正しく目的を伝えた上で、面談に移行していきましょう。

POINT

会社が良かれと思ってやっている人事評価や面談や研修などの施策も、スタッフには何の目的があるのか伝わっていないことがほとんど。しかも、集合して全員に伝えても、理解していないことばかり。本当に重要なことは1対1で伝えなければ、深く理解させることはできない。逆に目的を本当に理解すれば、積極的に動いてくれるスタッフは多い。

METHOD 02

社内アポイント法

アポイントがないから「やらされ感」が出る

部下と面談をするときに、「今からちょっと面談できる？」「30分後に面談したいんだけど、空いてる？」などと一方的に声をかけてはいないでしょうか。私が知っている企業でも、意外なほど一方的に面談を始める上司が少なくありません。

ただ、逆の立場になってみると、これは非常に迷惑であることがわかります。

誰しも、仕事の途中に別件で中断を余儀なくされるのは嫌なもの。部下なのだからいつでも上司の都合に合わせるべきというのは、傲慢に過ぎます。

あらかじめアポイントを取らずに面談を始めると、部下は「やらされ感」を感じます。「また面倒なことをいってきたな」というネガティブな感情で臨むことになります。

これでは、生産性のある話にはつながりにくいです。**結果として、実のない話を場当たり的にするだけで終わってしまう**のです。

ですから、特に面談で重要な話をするときには、前もってアポイントを取るべきです。上司の側から「面談をしよう」と持ちかけているのですから、持ちかけた側がアポイントを取るのが筋です。これは取引先と商談のアポイントを取るときとまったく同じです。

「〇〇という目的で面談をしようと思うんだけど、都合のいい時間と場所を教えてくれるかな？」

このように**丁寧にアポイントを取ってから面談を進めましょう**。できれば、社内の掲示板やスケジュールアプリなどでアポイントを共有しておくのが理想です。

面談は1対1が基本

また、面談は1対1で行うのが基本です。

第1章でもお話ししたように、集団でブレーンストーミング的に職場の問題を出し合おうとすると、どうしても予定調和的な内容に終始します。

要するに「いいやすい問題」だけがたくさん出てきます。あるいは、本質を捉えた問題は出にくくなる傾向があるのです。

職場の「本当の問題」は、基本的には、みんなの前ではいい出しにくいものです。それを聞き出すには、個別に時間を作って面談をするのがベストです。

なお、面談のタイミングについては、定期的に行うために、日時を固定化するのが望ましいでしょう。

「毎週金曜日15時」などと設定しておき、都合により臨機応変に変更します。こうすると、仕事の計画も立てやすく、お互いに取り組みやすくなります。

面談で問題を聞き出す上で重要なのは、上司と部下の信頼関係です。信頼関係を作るには、半年~1年に1回程度、人事評価の際に面談を実施するだけでは不十分です。

単純に面談の回数を増やす

営業の分野ではすでにいい古されていますが、**「単純接触効果(ザイアンスの法則)」**とい

本音を聞き出す面談のコツ

- 面談は 1on1 で行う
- 必ず事前アポを取る
- メールやチャットより Zoom や Skype で顔を合わせるようにする
- 数分でいいので接触する回数を増やす

う法則があります。単純に接触する機会が増えると、警戒心が薄れて、好感度が高まるという法則です。

これをもとに考えると、**毎週10分でも定期的に面談をして接点を作っておくと、確実に信頼関係を構築しやすくなります。**

最近はテレワークが普及してきて慣れてきた方も多いかと思いますが、営業職などで外出が多くて、**社内での面談が難しい場合は、WEBを通じた面談（ZoomやSkypeなど）がおすすめです。メールやチャットなどの文字情報だけでは、細かなニュアンスや感情が伝わりにくいため、コミュニケーションとしては不足している**といえます。

そこでパソコンやスマートフォンによるオンライン面談を行います。

現在は、スマートフォン1台あればどこにいてもつながることができます。場所を問わずに面談が可能です。

やはり、信頼関係を構築するには、顔を合わせて話すことが一番大切です。ぜひ試してみてください。

POINT

面談したいと申し出ているのは上司のほうなので、上司が部下とのアポイントを取ることで信頼関係を作る。「また面倒なことをいってきたぞ」という環境では、生産的な話し合いはできない。面談は1対1でないと本音が出てこない。本音で話せる信頼関係を構築するため、まずは接触頻度を増やすことから始めてみよう。

METHOD 03

ノンアルコール法

飲み会に参加できない人に配慮しよう

年配の上司の中には、「居酒屋で膝をつき合わせたほうが本音が出やすい」と思い込んでいる人がいます。

自分自身が若いときから、アルコールを介してコミュニケーションを取ってきた経験が多いので、「居酒屋＝ざっくばらんな本音の話し合い」という図式が定着しているわけです。

しかし、**面談は基本的にノンアルコールで行うべき**です。

特に、現在の職場では、子育て中や介護を抱える社員も増えつつあります。個人的にはアルコールが好きでも、物理的に時間を確保できない人もいるのです。

また、従来「男性の職場」といわれてきたような製造業や建築業でも、女性社員の数が増えています。製造業などでは、むしろ女性のほうが多い工場もあります。検査や検品作業などは、強い力を必要としないため、積極的に女性が進出しています。

こうした多様性を尊重する時代背景を考えると、「居酒屋ミーティング」を継続しようとするのは無理があります。やはり、**業務時間中に、ノンアルコールで公平に面談の機会を作ったほうが良い**でしょう。

具体的には、会議室などで面談を実施する、あるいは**ランチミーティング**を行う方法もあります。その際、当然ランチ代は会社の経費としてください。

飲み会が好きな若手も多い

では、面談とは別に、親睦会としての飲み会はアリなのかナシなのか。

私もよく聞かれる質問なのですが、結論からいうと「アリ」です。

一般的には、若い人が会社の飲み会を敬遠しているイメージがあります。「若い人がイヤがっているのに、あえて時間とお金をかけて飲み会をする必要などない」とする主張もあります。

ただ、一概にそう断定することはできません。**私が各企業でスタッフの方々にヒアリングしたり、各種の調査統計を確認した限りでは、飲み会を「やりたい人」と「やりたくない人」がどちらも一定数いる**ことがわかっています。

飲み会を行うと「温かい職場だ」と感じ、飲み会をやらないと「何てさびしい会社なんだろう」と感じる人も確実にいるのです。

ですから、上司としては職場の温度感を見極めた上で、飲み会に前向きなムードを感じたら、機会を作ってみるのも良いでしょう。

この際のポイントは2つあります。

一つは、**自由参加で行う**こと。そしてもう一つが、**現場リーダー発信で行う**ことです。

会社発信で飲み会を行うと、強制力が強くなり、「社長の話を聞かなければならない」「何か気の利いたことをしなければいけない」というプレッシャーが生まれます。そこで、現場リーダーのような立場の人が主導して飲み会を行うと、参加しやすい雰囲気が生まれます。

あまり頻繁に懇親会を実施するのはおすすめできませんが、一切やってはいけないという

1on1 面談と飲み会

1on1 面談

・業務時間内にする
・ノンアルコール
・ランチミーティングもあり

飲み会

・自由参加で行う
・現場リーダー発信
・特定の部下ばかり誘わない

ことではありません。

特定の部下とだけ頻繁に飲みに行ってはいけない

ところで、特定の可愛がっている部下とだけ、頻繁に飲みに行く上司がたまにいます。これは絶対におすすめできません。

なぜなら、職場内で上司が特定の部下だけを「ひいき」していることが、他のメンバーに伝わってしまい、人事評価を公正に実施してくれるのだろうか、ＯＪＴなど教育機会は平等に与えてもらえるのだろうか、という不安を助長してしまうことになるからです。

たしかに、気の合う部下を仕事が終わった後に誘いたくなる気持ちはわからなくはないですが、**上司としては、特定の個人にだけ肩入れすることは避けてください。**

よく飲みに誘われる人だけが積極的に上司とコミュニケーションを取ることができ、そうではない人は蚊帳の外に置かれる。このようなことが続くと職場の雰囲気は確実に悪化します。

POINT

社内のコミュニケーションはあくまでノンアルコールが基本。普段と雰囲気を変えたいときは、ランチ会などの活用もあり。ただ、飲み会に行きたいスタッフも一定数いる。そのため、飲み会をするときは特定のスタッフとだけ行くのではなく、職場のメンバーが平等に参加できる機会を作り、自由参加で実施しよう。

METHOD 04

上司沈黙法

自分ばかり話してしまう上司

仕事ができる上司に共通する傾向として、部下に対して一方的に自分だけ話し続けてしまうというものがあります。私がヒアリングをしていると、「上司が先回りして色々と話してくるので、話せないんです」という声をよく聞きます。

せっかく面談をしても、上司が話し過ぎて部下の話を聞かないせいで、部下がほとんど話せないのでは本末転倒です。こういうおしゃべりな上司に対しては、私は次のように注意を促します。

「コーチングや傾聴など、そういうややこしいことは気にしなくて良いので、**とにかく黙っ**

上司は「話し役」より「聞き役」になる

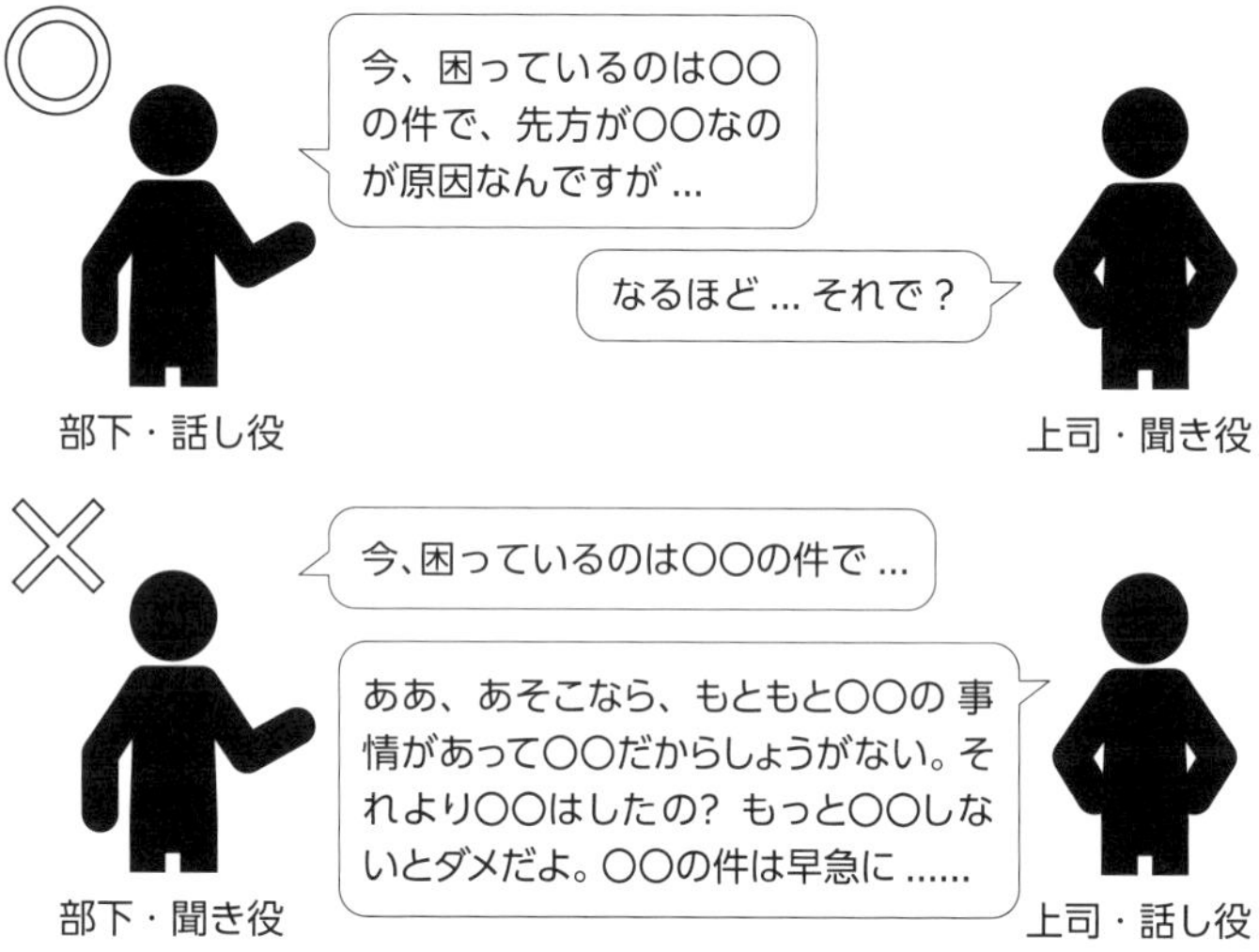
○
今、困っているのは○○の件で、先方が○○なのが原因なんですが …
なるほど … それで？
部下・話し役
上司・聞き役
×
今、困っているのは○○の件で …
ああ、あそこなら、もともと○○の 事情があって○○だからしょうがない。それより○○はしたの？ もっと○○しないとダメだよ。○○の件は早急に ……
部下・聞き役
上司・話し役

てみてください。黙って部下の話に耳を傾けることが大切ですよ」

なぜ、仕事ができる上司は話し過ぎてしまうのか。理由を探っていくうちに、わかってきたことがあります。

それは**部下の話を聞いている途中で「結論が先にわかってしまう」**のです。

できる上司は、部下の話を聞くうちに、「なぜ悩んでいるのか」「どうすれば解決できるのか」がわかります。仕事ができるために、すぐに頭の中で答えが出てしまうのです。

そして、すぐに結論を伝えようとします。答えをいいたいという気持ちを抑えることができず、良かれと思って口に出すのです。

「あー、はいはい。なるほど、そういう悩みね。それなら、○○が問題なんだから、□□を××すればいいだけじゃないの」

確かに、できる上司が出す結論は正しいのかもしれません。しかし、**悩みを相談しようとした部下は、一方的に結論を押しつけられたような気になります。**

「この上司は自分の話を全然聞いてくれない」

これでは、いずれ信頼関係が損なわれてしまいます。

上司は質問をするだけで良い

できる上司は、たとえば商談の場では取引先のニーズなどを丁寧に聞き出し、提案しているはずです。つまり、もともと聞く力を持っています。ただ、こと部下に関しては、聞く姿勢が弱くなりがちです。

部下、特に若手社員の中には、解決法を示してほしいというより、自分の話を聞いてほしいというニーズが相当あります。ですから、話を十分に聞かないまま答えを出すと不満のもととなります。

そこで、オススメなのが、部下をクライアントだと考えることです。上司と部下という関係を考えると、どうしても「身内」のような気がして、聞く姿勢が弱くなってしまいます。

しかし、よく考えてみると、部下が気持ちよく働いてくれて、成果を出してくれることは、上司の利益に直結します。会社が上司の評価を部下の実績も含めて判定しているからです。

そのため、部下をクライアントだと考えれば、沈黙する力が湧いてくるはずです。

いずれにしても上司はまず聞き役に徹することが大切です。

極端にいうと、上司は質問を続けるだけで良いのです。部下の発言を受けて「○○と思ったのはどうして?」などと質問で返していくことを意識してみましょう。

「○○ということなんだね?」のように、単にオウム返しをしていくだけでも十分です。

聞くことは、コーチングや傾聴などと考えるから難しく感じてしまい、取り組むことができなくなります。部下との面談は、沈黙することを大切にしてください。なお、面談における沈黙は長く感じますが、実際の時間はそこまで経っていませんので、実感よりも少し長く沈黙するのがオススメです。

異性とデートをするときに、一方的に自分のことばかり話す人がいたらモテないというのは容易に想像できるでしょう。職場の面談でもまったく同じです。とにかく、まずは相手のことを理解しようとする姿勢を忘れないようにしてください。

POINT

できる上司ほど、自分が話してしまう傾向がある。なぜなら、部下の悩みを解決する方法がすぐにわかってしまうから。コーチングや傾聴など、そういった難しいことは気にしなくていいので、とにかく上司は質問だけして黙っておくことに徹する。部下には問題を解決したいニーズもあるが、悩みを聞いてほしいというニーズもあることを忘れないで面談する。

METHOD 05

面談時間無制限法

話を聞き出すには時間がかかる

職場の問題を改善するには、それなりの手間暇がかかります。**手間暇を惜しんで効率化しようとすると、結局新たな問題が起こったり、人が定着しなくなったりします。**改善に至るまで余計な時間がかかりかねません。

本気で改善しようとするなら、相応の時間をかける覚悟を持ってください。

部下の本音を聞き出すときには、あえて時間制限を設けない方法が効果的です。

今は、多くの職場で、「会議や面談は決められた時間内に一定の結論を出すもの」という認識が共有されています。

たしかに、**働き方改革が進められている中で、コミュニケーションにも効率化が求められています。しかし、効率化を追い求めるあまりに、部下の話をじっくり聞けないというデメリットが生じている**のも事実です。

面談は15分や30分という限られた時間を設定されると、表面的な確認作業で終わってしまいがちです。というのも、時間が制限されると、考える時間をとることや本筋とは外れているものの有用な雑談がしにくくなります。実は、こうした**雑談の中に、部下の悩みや改善のヒントがかなり隠されている**のです。

時間をかけて問題を整理しよう

私自身、クライアントのスタッフと人事評価制度の設計に関することなど、特に重要な面談をするときは、あえて時間制限を設けずにとことん話を聞き出します。

「基本的に90分でお時間を設定していますが、延長する可能性がありますので、後ろのスケジュールは柔軟に対応していただけますか」

あらかじめこのようにクライアントにお伝えしてから打ち合わせに入ることもあります。

なぜなら、スタッフの考えが面談の途中で整理され、課題や意見などがどんどん出てきて、その結果、面談時間が長引いてしまうことがあるからです。

部下の側が、最初から理路整然と問題を整理できているケースはまれです。

上司がいろいろな角度から質問を投げかける中で、それをきっかけに問題を認識したり、言葉に出したりできるものです。

最近は、「聞く力」「質問力」というスキルへの関心が高まっています。「聞く力」「質問力」をテーマにした書籍もたくさん出版されています。こうしたスキルを磨いておくことは大切です。ただ、せっかくスキルを磨いても、15分などの限られた時間では、部下の話を引き出すのは困難です。

時間の制限が設定されると「時間内に終わらなければ」という意識が先に立って、深い話ができなくなります。ですから、**上司は十分な面談時間をとって、部下が自分で問題を整理するのを待ってあげることが大切です。面談には、部下が考えるための「無言の時間」も重要なのです。**

POINT

面談は、限られた時間内で一定の結論を出すべきという常識が定着している。しかし、時間を設定すると、その時間までに終わらなければならないことに意識が集中してしまい、考えをまとめたりする時間はとれなくなってしまう。常識とは逆に、面談の時間を無制限にすることで、部下は「その場」で考える時間ができて、自分の思考を整理しながら話すことができるようになる。そのため、時間を限定すべきテーマと時間を限定しないほうが良いテーマを区分しておくことが重要。

METHOD 06

残業代支給法

サービス残業で面談することの限界

たとえば、飲食業やサービス業では、管理職は店舗の目標達成に向けた数値管理、衛生面の管理、アルバイトの採用やシフト管理などの業務に日々追われています。部下との面談に時間を割く余裕はありません。

会社としても上司としても、何とかしなければという思いはあります。しかし、「わかっていても実践できない」のです。

そんな中で面談に取り組もうとする会社もあるのですが、**残念なことにサービス残業で行われているケースがあります。**

考えてみてください。

「週に1回、サービス残業で（口には出さないが）職場の問題について話し合いましょう」

といわれたら、部下は積極的に参加したいと思うでしょうか。

「まず、そのサービス残業を何とかしてください」
「とにかく疲れているので、帰っていいですか」

このような反応が予想されます。上司もそんな部下の気持ちを重々承知しています。

「君のいうことはもっともだけど、会社からやれといわれているから仕方ないんだよ」

こういった具合に、上司は会社と部下の板挟みになってしまうのです。

サービス残業で嫌々面談をしても、職場の問題改善にはつながりません。そこで重要なの

は、**面談を「仕事化」することです**。要するに、**業務終了後に面談を行ったら、きちんと残業代を支給するのです**。

まずは事前に面談のアポイントを取り、残業代を支給することを伝えておく。こうすると、会社の施策として面談を行っているというメッセージが伝わります。上司部下ともに安心して取り組むことができます。

シフトが重なるように調整する

勤務をシフトで管理している職場では、早番のスタッフと遅番のスタッフの間でコミュニケーションが取りにくくなります。上司と部下だけど、普段はシフトが交代するタイミングで軽く挨拶をするだけということもよくあります。

この場合も30分程度は**シフトが重複する時間帯を設定し、面談の時間を作る**ことが大切です。残業代を支給するのと同じ発想です。

一昔前に、飲食チェーン店で店員がワンオペレーションで対応していることが問題となりました。このようにコスト削減の目的で極端に人員が減らされ、メンバー間でほとんどコミュニケーションを取らないような職場もあります。**極端なコミュニケーション不足は、職**

場にトラブルをもたらします。

たとえば、あるコンビニで以前よりホットスナックの廃棄が増えてきました。実はこの原因としてアルバイトの誰かが廃棄が出るように多めに調理して、廃棄処理したものを自分で食べていたとします。

店員がレジからお金を抜き取ったら大問題ですが、廃棄ロスのコストを考えれば、やっていることは実質的に同じです。

こんなときも、コミュニケーション抜きで対処しようとすると、「店内に死角がないようにあらゆる場所に防犯カメラをつけて店員の行動を監視すればいい」などと、監視化が加速します。監視の度合いが高まるほど、職場がギクシャクしていきます。

やはり、**多少コストをかけてでもコミュニケーションを通じて職場の雰囲気を良くしていくのが一番です。たとえ10分でも残業代を出して話し合う。これが基本的な考え方です。**

面談に対する残業代支給の「壁」

とはいえ、上司としては、難しい問題があります。それは、直接的な利益を生まない面談に対して、会社から残業代支給の許可をもらうということです。会社によっては、コミュニケーションの重要性を理解しているので、すんなりOKということもありますが、多くの場合、理由の説明が求められることでしょう。

そこで、おすすめの理由は2つあります。1つは、「**採用広告費の削減**」です。そしてもう1つは、「**スタッフの定着率の向上による教育コストの削減**」です。この2つは数値目標を設定しやすく、会社の利益にもつながるので、面談の時間を作るために会社を説得する材料としてはとても有効です。

POINT

サービス残業で面談するのは、面談は仕事ではないといっているのと同じ。ただ、直接利益を生まない面談で残業を申請するのは難しいのが現在の実情。そこで、「採用広告費の削減」や「スタッフの定着率の向上による教育コストの削減」などの面談をすることの効果を会社に提示して、残業代を確保する。

METHOD 07

共感エピソード法

「共感」することが最良のやり方

部下が上司に話しやすい雰囲気を作る。そこで必要となるのは、何をおいても「**共感**」に尽きます。

では、いったいどうやって共感を作れば良いのか。**私がクライアントの管理職にお伝えしているのは、「ご自身が若いときに苦労した経験を、誰もが共感できるエピソードとして、いつでも部下に話せるように準備しておいてください」**ということです。

「私も若い頃は○○がうまくいかずに上司によく怒られて悩んでいたんだけど、□□することで乗り越えることができたんだ」

こういったエピソードを伝えることで、部下は「そんなことがあったんだ」と感じ、お互いに共感できます。

具体例を挙げてみましょう。

営業で伸び悩んでいる部下が「会社からもっと積極的に営業しろといわれるけど、数をこなせば成果が出るというのは違うのではないか」と悩んでいたとします。

これに対して、上司は次のようなエピソードを伝えられるかもしれません。

「たしかに、私も若いときに毎日100人分の名刺を集めろといわれたけど、最初は何のためにやるのか理解できなかった。もちろん100枚の名刺が売上につながったかというと、ほとんど無意味だったよ」

「でも、お客さんにアポを取ってお会いしようと電話をしたら嫌がられたりすることがあって、そういった経験をしていく中でセンスが磨かれることもあったんだ。『なるほど、こういうタイミングでアポを取ろうとするとダメなんだ』『こういうシチュエーションでアポを取ると好意的に話を聞いてもらいやすい』というのがわかるようになってきたんだよ」

「そうやって経験を積んでいたら、相手の顔を見た瞬間から、こちらの話を聞いてもらえるかどうかがわかるようになってきて、営業成績も伸びていったんだよね。数をこなしているとわかってくることもあるんだよ」

部下は上司の経験を聞きたがっている

どうでしょう。実は、これは私自身の経験でもあります。私も若い頃は、飛び込み営業をしていて嫌がられることがありました。ただ、経験を重ねていくうちに勘が働くようになったと実感しています。そういう実体験は、部下にも聞いてもらいやすいですし、共感されやすいのです。

「上司の昔話なんて興味ないのでは？」
「今と昔とでは時代背景が全然違う。部下に話してもピンとこないんじゃないの？」
このように考えて、自分の話をすることに尻込みする傾向もあります。

ただ、私のこれまでの見聞きした経験では、上司の経験を踏まえた成長につながる話を聞きたがっている若手はたくさんいます。温故知新という言葉の通り、過去を知って未来に役立てようとする若者は少なくありません。

「上から目線」でいわれると響かない話でも、「若かった頃の自分」という部下と同じ目線で話をすると、共感力がアップします。

そもそも、**いつの時代でも、ビジネスパーソンが悩んだり、壁に突き当たったりする経験には共通する要素があります。**

ですから、上司には臆さず自分のエピソードを開示してほしいのです。「とにかく苦労をすることが大事」というような精神論ではなく、**成長につながる具体的なポイントがわかる内容**を話してみてください。

エピソードを準備しておこう

どんな上司でも、部下に話せるような経験をいくつも持っているはず。ただ、「経験がある」のと、それを上手に話せるかどうかは別です。

お笑い芸人のようにエピソードトークに慣れている人なら、ちょっとしたきっかけで自分の経験を掘り起こすことができるでしょう。しかし、一般人である上司がすぐに的確なエピソードを語るのは至難の業です。

エピソードトークで共感を引き出す

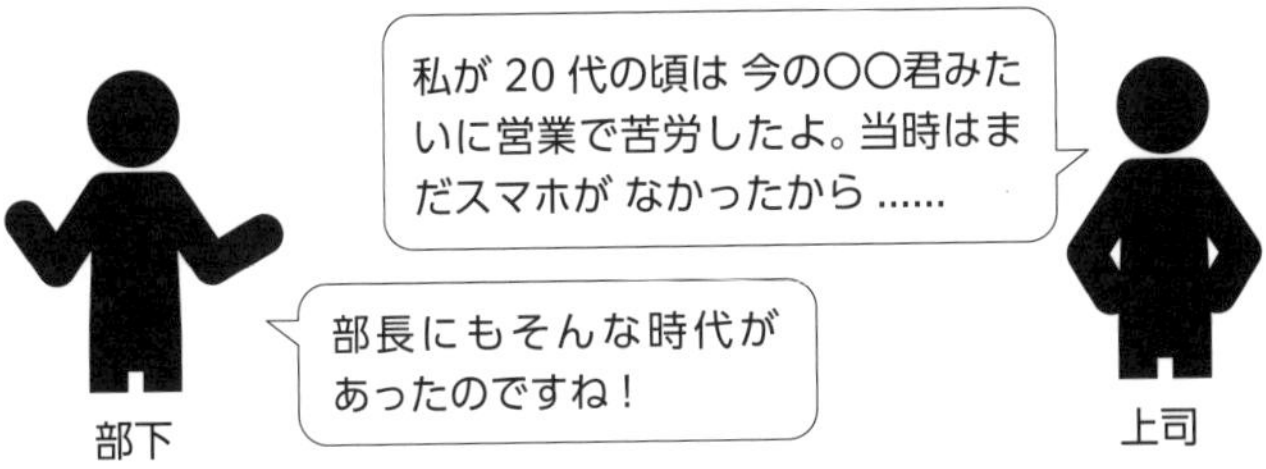
私が20代の頃は 今の○○君みたいに営業で苦労したよ。当時はまだスマホが なかったから ......
部長にもそんな時代があったのですね！
部下
上司

聞きたくなるエピソードトーク
・成功した話より失敗した話やドジをした話 ・相手の今の状況に見合った旬な話 ・意外性のある話 ・無駄を省いてスッキリまとめる

そこで、あらかじめ部下に話すエピソードを準備しておきましょう。部下の普段の仕事ぶりをもとに、自分が若いときに似たような悩みを経験していなかったかを棚卸ししてみます。そして、**経験をストーリー化して話せるように練習しておくのです。**

ポイントは、失敗した経験あるいはつらかった経験から何を学んで、今どのように活かしているのかです。

少しだけ自分のエピソードを開示したら、後は黙って聞き役に回る。

この流れを意識してみましょう。

POINT

部下が話しやすい雰囲気を作るためには上司が「共感」できる存在であることが重要。そのために、自分の「失敗」「理不尽」「しくじり」経験を部下に話してみよう。部下は上司の経験談を嫌がっているわけではなく、上司の自慢話を嫌がっている。上司は、あらかじめ自分の「共感エピソード」を用意しておき、いつでも話せるように準備しておこう。その際、話しやすい雰囲気を作り、指導や説教のように話さないように注意しよう。上司の「自己開示」は部下の共感を引き出す。

METHOD 08

面談場所工夫法

話しやすい場所で話す

「面談では上司が自己開示をする」
「部下の承認欲求を満たすために褒める」

世の中にこういったテクニックは溢れていますが、実はもっとそれ以前にできることがたくさんあります。

面談の場所を工夫するというのもその一つです。要するに、話しやすい場所で面談をするというシンプルな着眼点です。

「夏場にエアコンが効かないような暑い場所で面談をしない」
「狭くて息苦しい場所で面談をしない」
改めて聞くと、当たり前ではないかと思われるかもしれません。しかし、意外にこういった要素を見落としている職場が多いのです。

内容に応じて話す場所を変える

話の内容に応じて場所を変えるという発想も有効です。

たとえば、営業マンがセルフ式コーヒーショップでコーヒーを飲みながら1億円の商談をするというのは、ちょっと場違いです。1億円の商談をするならホテルのラウンジなどが相応しいかもしれません。

逆に、1万円の案件を打ち合わせするのにホテルのラウンジを使うのはおおげさです。この場合は、むしろセルフ式コーヒーショップのほうが相応しいでしょう。

職場の面談も、重要度に応じて経費を使う局面もあるでしょう。社内の会議室で十分という考え方もありますが、内容によっては職場の他のメンバーに聞こえてしまうことが気になり、十分に話せないことがあるかもしれません。社外のほうが本音が出やすいケースも多々あります。

職場近くの喫茶店に場を移す、あるいは社外の会議室を借りる選択肢も考えられます。

BGMやアロマなども重要なポイント

場所とともに工夫したいのが、話しやすい環境づくりです。

１つ目の要素は音です。

職場のメンバーの中には、BGMがあったほうが話しやすいという人がいます。逆に、少しでも音が聞こえると気になってしまい話ができない、静かなところで話したいという人もいます。**スタッフのタイプに合わせて適切な環境を選びましょう。**

２つ目の要素が香りです。

アロマやお香も話しやすい環境づくりに貢献します。講師業をしている私の知り合いに、普段から自分専用のアロマを持ち歩いている人がいます。

その知り合いは、講義をするときにアロマを活用しているのだそうです。参加者にリラックスしてもらうと同時に、自らのブランド構築（イメージづくり）にもつなげているという話を聞きました。

こういった環境づくりの工夫も面談では重要になるため、参考にしてみてください。

POINT

面談に自信がない場合は、面談場所を工夫するだけでも、効果は変わる。社内の面談はえてして、テキトーな場所でやってしまいがち。面談の内容に応じた場所を選ぶことで、面談の成果は大きく変わる。職場のメンバーに聞かれたくない内容であれば、社外の施設で面談するのも一つの方法。また、ＢＧＭや香りを活用するのも有効な方法。面談というものを五感で考えてみると、さらにブラッシュアップすることが可能。

METHOD 09

相手の目を見て話さない法

目を見て話さないといけないという常識を疑え

面談において常識とされていることとして、「相手の目を見て話せ」というものがあります。しかし、いかがでしょうか。面談の最中に、**ずっと上司から目を見られていては、部下は話しにくさを感じる**のではないでしょうか。

普段の会話では、目を合わせるということは意識していないので問題はないのですが、面談などの特別なシーンになると、なぜか目線をどうすれば良いのかを考えてしまうことがあります。

実際にされるとわかりますが、ずっと上司に目を合わされると、とても話しにくいことがわかります。とくに、**個室で1対1で面談するとなれば、緊張感もあり、威圧感を感じてし**

面談は目線に配慮する

○
テーブルに紙の資料などの
目線外しアイテムを置く
部下
上司
×
早く終わらない
かなぁ
視線がささる
部下
上司

まうことさえあります。

これでは、部下は本音で話すことが難しくなり、面談が形骸化してしまうおそれがあります。

面談では、リラックスして話すことができる環境を作ることが大切です。

身振り手振りを真似することで信頼関係を築けるか？

目を見て話せと同じようなものとして、「相手の身振り手振りを真似する」というミラーリングという方法があります。コミュニケーション関連の研修などを受講したことがある方は、相手との信頼関係を構築するための手法としてお聞きになられたかもしれません。

ただ、これも実際にされるとわかりますが、同じ動作をしている人には心理的に親近感があるとはいうものの、**ずっと真似されていては、何だか不自然でイラッとする**のではないでしょうか。

このように、**いわゆるコミュニケーションのテクニックとして良いとされていることも、やり方や習得レベル次第では、望まない結果を生んでしまう**こともあるのです。しかも、そういったことを訓練するのは、時間も手間もかかってしまい、なかなか実践にはハードルが高いと思います。

目線を外してもおかしくない工夫をしよう

上司が目を合わせている中で、部下から目線を外すのはとても勇気が必要です。そのため、上司のほうから、部下が目線を外しても不自然ではない工夫をしてあげることが重要です。

そこで、私自身も実践で活用していておすすめなのが、**目線外しアイテムを置く**ことです。

たとえば、紙の資料などを机の上に置いて面談を始めます。そうすると、部下は自然にその紙の資料をチラチラと見ながら話をすることでしょう。この自然な流れで視線を外している間、部下は緊張から解放されます。

このとき、上司沈黙法を取り入れると効果的です。つまり、目線を外したまま、上司は沈黙し、部下が話し始めるのを待ちます。
そうすることで、次に目を合わせて話し出したときには、リフレッシュされて、より深い内容を話すことができるのです。

POINT

相手の目を見て話せというのは、小さい頃からいわれ続けてきて、常識として刷り込まれている。しかし、よく考えてみると、ずっと上司に目を合わせ続けられると部下は話しにくい。そこで、部下が面談の途中で目線を外すことができる工夫をしてあげると、話しやすい環境ができる。

METHOD 10

面談トーク事前設定法

面談で話すべきはセンシティブな問題

本章の最後にお伝えしたいのは、面談の内容についてです。

「面談をすれば自動的に話が引き出せる。会社から与えられた面談シートをもとに質問をしていけばうまくいく」

こう考えている人が多いのですが、あまりに楽観的です。

面談は毎週行う予定なのに、面談シートの項目は一緒。この場合、面談の内容はどんどん「確認」へと変化してきます。「確認」が延々と繰り返されるだけでマンネリ化します。

「えーと、今週のお客様へのアプローチはどうだった？」（上司）
「先週と変わらず引き続き取り組んでいます」（部下）
「じゃあ、よろしくね」（上司）

こういった定型の確認が目的なら、あえて面談の時間を取らずに、クラウドの情報共有システムに入力するだけで済ませたほうがはるかに効率的です。

わざわざ時間を作って面談をするからには、聞き出すべき内容があります。

「みんなが見ている場で話すのはためらわれるけど、上司には話しておきたい」

そんな、**クラウド上に簡単に入力できないような繊細な問題を話し合うのが面談の役割**なのです。

部下は必ず悩みを抱えている

部下は、いいたいけれどなかなかいい出せない悩みを持っています。

営業職の中には、「お客様にとって本当に必要な物を売りたいけど、会社からは利益の高い商品を優先的に売れといわれる。それがツラくて仕方がない」などと考えている人もいます。


ある飲料メーカーでこんなお悩みを耳にしました。

その会社では清涼飲料水を製造しており、開発担当者は日常的に清涼飲料水を飲む必要性があります。飲み続けた結果、健康診断で「糖尿病の疑いあり」という診断結果が出てしまいました。

身体のことを考えると、もう会社の商品を飲みたくない。けれども、仕事をする以上、飲まないわけにはいかない。正面切って「飲みたくない」とはいえない。

現実に、こんな悩みを抱えている人がいるのです。

面談の方向性を組み立てておく

「職場の問題はクラウド上で共有すればいい」といわれても、この種の悩みはまず出てこな

面談には事前準備が必要

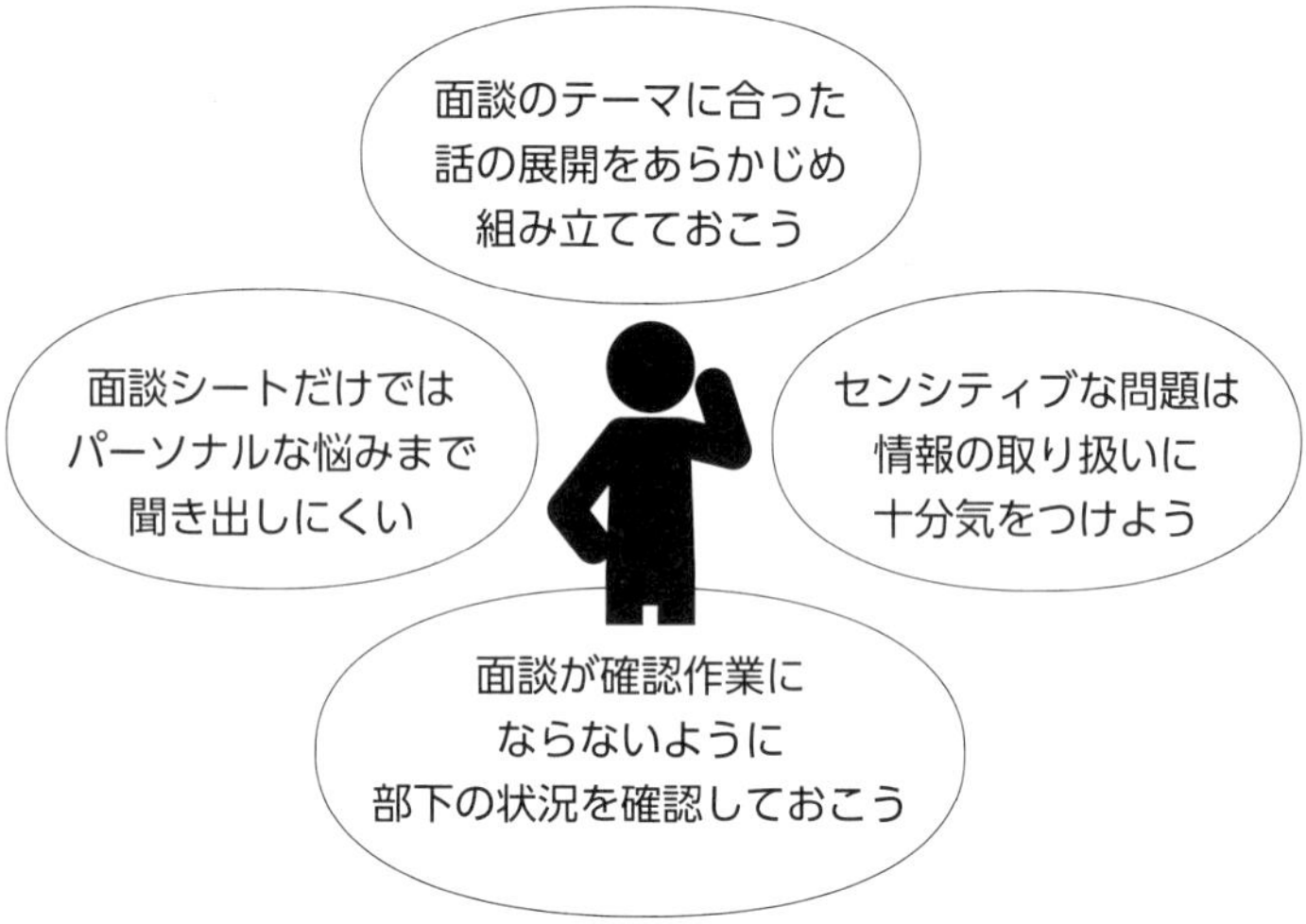
面談のテーマに合った
話の展開をあらかじめ
組み立てておこう
面談シートだけでは
パーソナルな悩みまで
聞き出しにくい
センシティブな問題は
情報の取り扱いに
十分気をつけよう
面談が確認作業に
ならないように
部下の状況を確認しておこう

いでしょう。いってしまったが最後、どんな処遇を受けるのかわからないからです。

上司として聞き出したいのは、この手の**センシティブな悩み**です。しかし、**場当たり的な面談で、悩みを聞き出すのは不可能です**。そのため、上司は悩みを聞き出すことにつながる話題を、事前に準備しておくことが不可欠です。

私が企業でヒアリングを行うときも、初めてお会いさせていただく方に関して、事前の情報収集を心がけています。該当するスタッフの上司などを通じて、社歴、資格、仕事への取り組みについての情報をいただき、ある程度トークの方向性を組み立ててからヒアリングを始めます。

ヒアリングでは私が聞き役に回るわけですが、**事前に相手の背景を知ってから質問するのと、何も知らずに質問をするのとでは、得られる情報量がまったく変わってきます。**突っ込んだ話をしたいなら、事前準備が欠かせないのです。

疑問に先回りするのが上司の役目

面談で話を聞き出すために、事前にトークを準備しておく。

これは人事評価のフィードバック面談を考えるとわかりやすいでしょう。**フィードバック面談では、評価の根拠が問題となります。部下が知りたいのは「なぜこの評価になったのか」です。評価に納得がいかないときはなおさらです。**

「私は、今回こういう評価だったんですけど、少々納得がいきません。もちろん改善できる部分は、次回に向けて改善していきたいので、具体的にどこがダメだったのかを教えていただけますか」

部下からのこうした疑問に対して、上司が次のように答えたらどうでしょう。

「いやー。私も納得いかないところがあるんだけど、最終的に会社が決めたことだからね。私としては何ともいえないんだよ」

部下にしてみれば、納得がいかないどころか、上司に対する信頼を一気に失うでしょう。「もうこの人に何を話してもムダ」と思われるのがオチです。

フィードバックに対する疑問に対して納得できる回答を事前に準備しておくべきです。むしろ、何の準備もなくフィードバックに臨むほうが問題です。

実は、社内で調査を実施してみると、スタッフが人事評価制度そのものに不満を持っているケースは少ないことがわかってきました。納得できるフィードバックがなされていない、つまり、公平公正な人事評価がされていない。そこに不満を持っているのです。

場当たり的にフィードバックをするのは不可能です。準備をせずに取り組むと結果が出ないのは、学生時代に「何の対策もせずに実力で受けるのが実力テスト」といっているのと似ています。**部下との面談も準備をしてから臨む習慣を身につけましょう。**

POINT

日報や社内ＳＮＳなどでは表面的な情報しか共有できない。センシティブな情報を共有できるのは面談だけ。面談には必ずテーマがあるが、そのテーマに応じて、あらかじめ話の展開を組み立てておくことが重要。慣れないうちは、臨機応変には進められない上に、慌ててしまうと自分が話し過ぎてしまうなど、間違った対応になってしまうことも。面談は準備して臨むとブレが少ない。事前にシミュレーションをしてから面談に臨むこと。

職場の問題を「聞き出す」10のテクニック

❶ コンセプト共有法	■事前に目的とゴールを伝えておく ■正しく目的を伝えれば協力してもらえる
❷ 社内アポイント法	■アポイントがないと「やらされ感」が出る ■１対１で面談すると本音が言いやすくなる ■面談に自信がない上司は面談回数を増やそう
❸ ノンアルコール法	■面談は基本的にノンアルコールで行う ■ランチミーティングも活用しよう ■飲み会をするときは自由参加が基本
❹ 上司沈黙法	■コーチングや傾聴より、まずは黙ること ■上司が面談ですることは質問と沈黙
❺ 面談時間無制限法	■本音を話すには、ある程度時間がかかる ■部下が考えるための無言の時間をつくろう
❻ 残業代支給法	■面談がサービス残業では成果が出ない ■残業代が支給されるよう会社に相談しよう
❼ 共感エピソード法	■共感される上司は信用される ■部下の成長につながる経験談を話そう ■共感エピソードは事前に準備しておこう
❽ 面談場所工夫法	■面談は話しやすい場所で実施しよう ■話の内容に応じて話す場所を変えよう ■BGMやアロマも面談に活用しよう
❾ 相手の目を見て話さない法	■ずっと目を見られると話しづらくなる ■身振り手振りも意識しすぎには要注意 ■目線を外してもおかしくない工夫をしよう
❿ 面談トーク事前設定法	■面談のマンネリ化は面談シートの項目確認の繰り返しが原因 ■文字にできない繊細な問題を話し合おう ■面談の方向性は事前に組み立てておこう ■部下の持ちそうな疑問は事前に対策しよう

METHOD

第4章

ステップ2

最大の難所！職場の問題を「共有する」技術

METHOD 11

問題を共有できない「チクリ文化」

なぜ上司は会社に問題を報告できないのか

前章では、上司が部下から職場の問題を聞き出すための方法について解説してきました。ただ、聞き出すだけで終わりではありません。**上司には、問題を聞き出した後、それを改善する役割が期待されています。**

ここで一つの問題が生じます。**職場の問題を改善するには、会社（あるいは自分の上司）と問題となっている内容を共有するのが望ましい**です。つまり、上司から会社への報連相こそ、組織の情報共有の要諦です。しかし、職場の問題の共有は一筋縄ではいきません。

たとえば、部下から話を聞き出す中で、人事評価制度に何らかの問題があるとわかったとしましょう。上司としては、人事評価制度を改善すれば、部下が働きやすくなるという手応えをつかんでいます。

とはいえ、上司一人の権限で人事評価制度の改善は不可能です。会社あるいは自分の上司に問題を報告し、改善を働きかける必要があります。ところが、この共有にこそ大きなハードルがあるのです。

会社側からすると、現場の管理職から改善に向けた報告がなければ、具体的に動きようがありません。けれども、肝心の報告が行われず、何が起きているのかわからない状態が続いてしまうわけです。

では、どうして上司は会社と問題を共有できないのか。理由の一つは、**共有すると上司自身が干されてしまうというリスク**です。

というのも、職場の問題というのは、部下が会社に対して抱いている不満や不安が原因ということがあります。

前章でご紹介した方法などを活用して、上司は部下がどんな不満を持っているのかを把握することはできます。ただ、**「本当のこと」を会社に報告すると、「なぜそうなる前に対策をしてこなかったのか」などと、逆に上司自身の責任を追及されてしまうおそれがあります。**

そう考えると、上司は共有に慎重にならざるを得ません。結果的に、重要な情報が上司のところで止まってしまうパターンが日常化しているのです。

部下のニーズを無視してはいけない

もう一つの理由は、**部下から「チクった」とみなされるリスク**です。その背景には、第2章でもお話しした「チクリ文化」があります。善意で問題を報告したのに、報告の対象となった部下が干されてしまうおそれがあるのです。

上司が会社に問題を報告すると、即改善が行われることがしばしばあります。

基本的に社長は改善好きです。ちょっとでも問題があると耳にすると「それは何とかしなければ。さっそく改善しよう！」と動き出します。

特に、中小企業やベンチャー企業の経営者にはスピード感があります。オーナー経営者となると、自社に対する思い入れが強いがゆえに、改善への強い熱意を持っています。

スピード感を持って問題を改善する。それ自体は良い姿勢なのですが、タイミングによっては逆効果になることもあります。

情報共有にはハードルがある

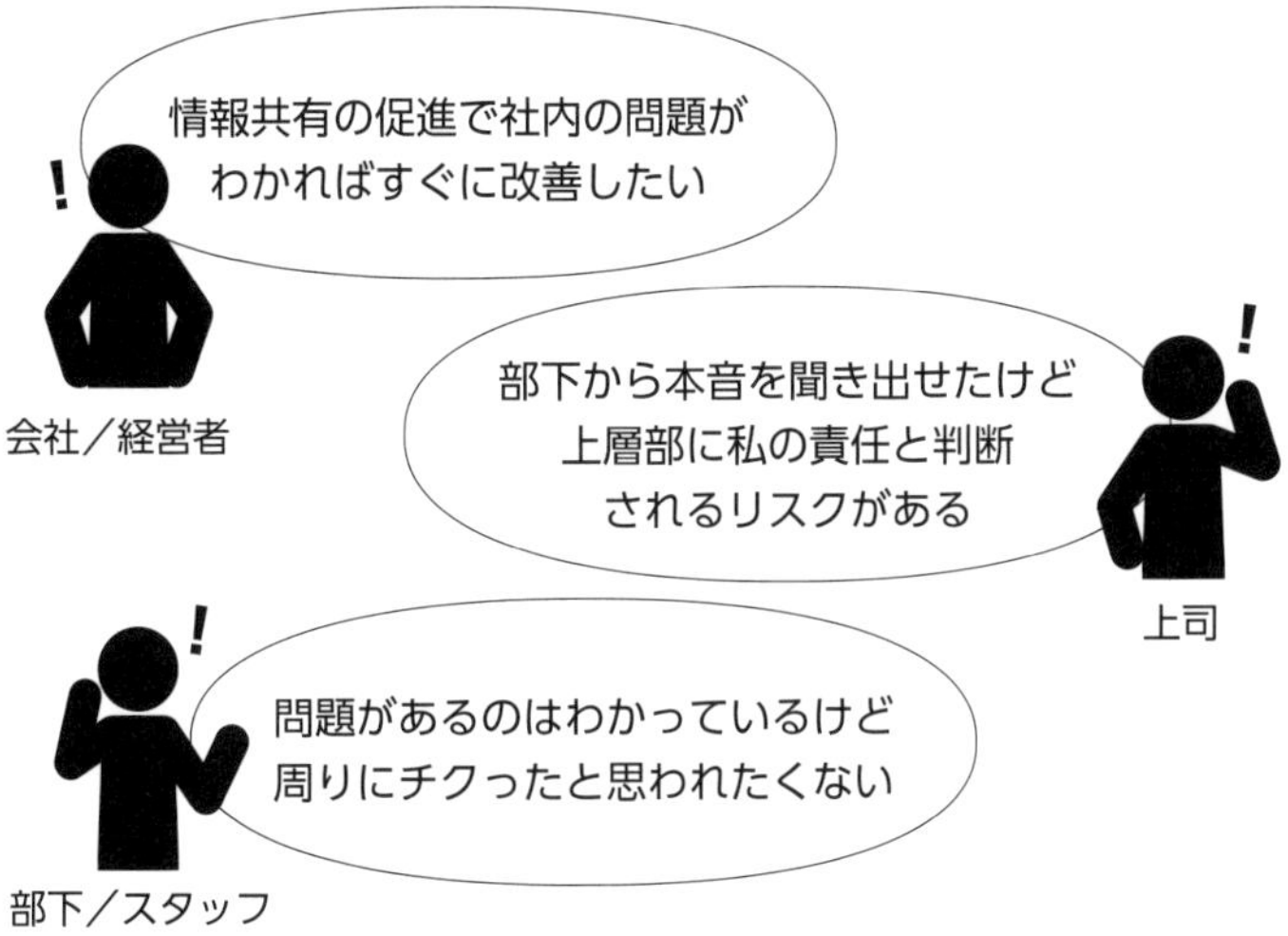
情報共有の促進で社内の問題がわかればすぐに改善したい
会社／経営者
部下から本音を聞き出せたけど上層部に私の責任と判断されるリスクがある
上司
問題があるのはわかっているけど周りにチクったと思われたくない
部下／スタッフ

「せっかく内密に上司に相談したつもりだったのに、何で会社にチクるんだろう。こんなにすぐに会社が動き出したら、私が上司に相談したことがバレてしまうじゃないか」

部下がこのような不満を覚えると、「何もいわないほうがマシ」となってしまい、ますます職場の問題が埋もれてしまうわけです。

部下が上司に問題を相談する場合、「会社に上げてほしい」ケースもあれば、「上司と部下の間で留めて隠密に解決していきたい」ケースもあります。あるいは、「とにかく上司に話を聞いてほしい。

自分のことを理解してほしい」だけだったりもします。

そういったニーズの違いを無視して一緒くたに扱うと、部下からの信頼を決定的に失うことにもなりかねません。

まずは、「**職場の問題を会社と共有するにはハードルがある**」「**部下発信の問題を会社に共有すると逆効果になる危険性がある**」という事実を、しっかり認識しておく必要があるでしょう。

POINT

現場の問題をすべて上司の責任とするような職場では、上司はうかつに会社へ情報共有ができない。また、会社へ情報共有すると、何の連絡もなく、すぐに改善を実施する会社では、報告したことがあからさまになってしまい、部下にチクリとみなされてしまうリスクがある。実は、情報共有は、やり方は単純だが、その実施にあたっては、相当慎重になる必要がある。誰でもすぐにできると考えると、おかしなことになる。

METHOD 12

会社への報告で上司が嫌な3箇条

問題を共有できない３つのパターン

前項に関連して、上司が会社と問題を共有しようとするとき、ハードルとなるポイントを３つにまとめてみました。

▼１ 怒られる

改めて解説するまでもないのですが、「報告したら怒られる」という環境下では、誰も報告したいとは思いません。

しかし、現実には、報告したら怒られるシチュエーションは多発しています。代表的なのが、「ミスを報告したら怒られる」パターン。

ミスをしたら、すぐに会社に報告をして速やかに対応をすべき。その原則は百も承知していながら、**「報告したら怒られる」という恐怖感で、なかなかいい出せない人がいます。**

時間が経てば経つほどますますいい出しにくくなり、ついには報告しないまま問題を放置。後になってからもっと大きな問題に発展するというのは、もはや「あるある」です。

▼2　低評価がつけられる

「低評価がつけられる」というのも、報告を避けてしまうことにつながる要素の一つです。

たとえば、部下から「会社を辞めたい」と相談された場合。部下の言い分を聞く限りでは、会社の協力を仰いで改善すれば、部下を思いとどまらせる余地があると判断できました。本音では会社に動いてもらったほうが部下にとってプラスになるとわかっています。しかし、実際には会社に働きかけることができません。

会社に報告したが最後、上司としての評価に傷がつくからです。

「会社の仕組みが悪いから部下が辞めたがっているような言い分だけど、要するに君（上司）のマネジメント能力が欠如しているんじゃないか」

このようにいわれるリスクを考えると、どうしても二の足を踏みます。その間にも、離職を考える社員が続出し、深刻な人手不足に陥る職場も珍しくありません。

▼3 事実をゆがめられる

また、会社に報告すると、なぜか事実がゆがめられて伝わってしまうケースもあります。上司からその上司……役員、経営者へと話が伝わっていく過程で、伝言ゲーム化し、いつの間にか、当初の趣旨とはかけ離れた話に変わってしまうのです。

私の事例では、事実がゆがんで伝わりやすい会社にはある程度の共通点があります。特に、旧態依然とした堅い社風の会社で、事実がゆがむ傾向があります。こうした会社では、問題の共有が困難になりがちです。

堅い社風を持ち、厳格な仕事をしている会社では、ともするとマイナス思考の人材が育ちます。良くいえば「堅実」「慎重」なのですが、悪くいうと「マイナス思考」「減点主義」なのです。

こういった会社で問題を報告すると、マイナス面が過大視されて、問題があらぬ方向へと発展します。本来の主旨が誤解された結果として、見当違いな改善が行われたら最悪です。

ちなみにまったくの余談ですが、YouTubeなどのSNSであえてマイナスの評価をクリックするのは日本人の特徴だそうです。

海外では、面白くない、あるいは気に入らない投稿についてはスルーが一般的なのですが、日本ではあえて否定的な評価を与えたいという心理が働くようです。

実は、こういった心理が日本型マネジメントにも色濃く影響しているのではないか、と私は考えています。

POINT

上司といえども、怒られることがわかっている中では、報告できない。また、自分の人事評価に悪影響があることがわかっている中では報告できない。報告内容が伝言ゲームと化して、ゆがんで伝わっていく環境でも報告はできない。実は、会社へ職場の問題を共有するには、非常に大きなハードルがある。これらが、社内で情報共有が機能しない主因である。

METHOD 13

職場の問題共有の5つの確認

①共有の許可

昨今は、社内ＳＮＳの活用が一般化してきたこともあり、**「情報はとにかく共有するのが善」**という風潮があります。

しかしながら、**情報共有のプレッシャーが社員を精神的に追い込んでいる側面もあります。**私は、これから先、「社内ＳＮＳ疲れ」が社会問題化していくのではないかと予測しています。

そもそもの話として、上司は部下からの相談内容について、会社と共有しないのが原則です。「部下が上司に相談した内容はすべてオープンな情報」という考えは間違っています。部下の許可がない会社への報告はただの嫌がらせです。

一方で、会社と情報を共有しないことには改善が進まないのも事実です。つまり、上司には、適切なプロセスを経て情報を共有する責務があるわけです。

そこでまず確認していただきたいポイントがあります。共有の許可です。**部下に許可を取ってから会社に報告する**ということです。

ただし、単純に手続きとして部下の許可を取ればいいわけではありません。中には「上司から無理矢理許可を取られた」という認識を持つ部下がいるからです。極端なケースでは、パワハラとして訴えようとする部下もいるかもしれません。

上司が持っている「常識」と、部下が持っている「常識」とはまったく異なります。

今の上司が若かった時代は、これといった説明がなくても上司がいい出したことはとにかくやる、という意識が強かったと思います。

しかし、**今の若者は、「目的が何であるか」を非常に気にします。目的がわからないことには、たとえ上司からいわれても、おいそれとは受け入れられない**のです。

ですから、上司はまず自分の常識を一回棚卸ししましょう。その上で、**部下の常識に合わせて説明**していく必要があります。

「今回聞いた話については、職場の改善につながるし、ひいては会社の発展につながる内容だから、会社にも私から共有させてほしい」

実は、こういった説明では積極的な理解が得られる可能性は低いでしょう。部下本人のメリットが見えないからです。

たとえば、こんなふうに**本人のメリットを明確にしていくと、部下の納得感も高まります。**

「もし職場の改善が実現できれば、君も早く帰ることができるようになるよね。そうしたら希望していた海外赴任に向けた勉強時間も生まれるんじゃないか」

②共有の内容

共有の許可を取ることができたとしても、すべての情報を共有していいわけではありません。

部下にしてみれば、「共有していい情報」と「共有してほしくない情報」があります。そこで、共有する内容についても事前に確認しておきましょう。当然、この場合も「共有する理由」を伝えるのがマストです。

共有できる範囲とできない範囲をきちんと線引きできる上司は、部下からの信頼も厚くなります。信頼を構築することが、問題があったときに真っ先に相談してもらえる関係づくりにつながります。

③共有の範囲

次にお伝えしたいのは、共有の範囲です。

たとえば、部下Aが上司Bに問題を報告したとしましょう。上司Bは、部下Aに内容を確認し許可を得た上で、問題を共有しました。

しかし、ここで事件が起きます。上司Bが別の部署の部長Cを含む社内SNSの管理職グループ上で情報を共有した結果、部長Cの下で働く部下Dにも情報が伝わってしまったのです。これは部下Aにとって予想外でした。部下Aと部下Dは同期の関係であり、部下Aは部下Dに自分の問題が伝わるのが不本意だったのです。

部下には、絶対に情報を知られたくない対象があります。ですから、「どこまで共有していいのか」という共有の範囲を明確にしておきましょう。

社内SNSなどのコミュニケーションツールを活用して**情報を共有する場合は、事前に「どこまで情報が共有されるのか」を伝える方法もあります。**

「ここで情報をアップすると部長以上は閲覧できるようになっているけど、大丈夫かな」

「ということは、あの部長Cも見るわけですよね。そうなると、部長Cから話が広がる可能性がないですか?」

「そのリスクは確かに考えられるな。それなら、口頭で役員Eに伝えてみるよ」

こういった会話を通じて、部下の確認を取っていくのです。

④共有のタイミング

先ほどお話ししたように、**会社に問題を報告すると、即改善に動き出す可能性があります。**

それが部下にとって不利益となる場合も想定されます。

たとえば、部下が特定の社員の問題行動を報告してきたとしましょう。たしかに、その社員の問題行動が原因で、下に配属された人が連続して退社している状況がありました。

上司としては、会社と問題を共有して配属を変えるなどの対策を講じたいのですが、今このタイミングで報告したらどうなるでしょう。会社は問題の改善をしてくれるかもしれませんが、**「誰がチクったのか」という問題に発展するおそれもあります。**そうなると、問題を報告した部下にとって不利益が生じます。

この場合は、上司として会社へ共有する適切なタイミングを検討した上で、部下と一緒に考えるのがベストです。**自分でタイミングを見計らうよりも、部下と双方で確認したほうが納得感は高まります。**

「たしかに、君の正義感は素晴らしいし、この問題は何とかしなければならないと思っている。会社にも伝えて策を講じるつもりだ。ただ、今すぐ伝えると、君が報告したというのがあからさまになってしまう可能性があるから、どのタイミングで伝えるべきか一緒に考えよう」

このように、双方で決めておけば、最悪トラブルが起きたとしても、部下とともに対処することができます。

⑤共有の方法

確認したい項目の５つ目が「共有の方法」です。共有の方法についてはさまざまありますが、本書では３つの方法に絞って解説します。

▼１　人事評価シート、面談シート

人事評価について会社に報告するタイミングを利用して、職場の問題を合わせて報告する方法です。人事評価シートなどを活用している場合は、シートに記録して提出します。この場合も、事前に部下の承諾を得ておく必要があります。

ここでのポイントは、報告の根拠となる部下の行動記録・面談記録を合わせて提示することです。経営陣は、何事も根拠となるデータをもとに判断をする習慣があります。

根拠がしっかりしていれば説得力が高まります。逆にいうと、根拠がないまま問題を報告すると、上司がただ主観的な意見をいっているだけ、と受け取られる可能性があります。

「いつ部下からどのような報告があったのか」
「その根拠となる出来事として、どのようなことがあったのか」

これらを普段からこまめに記録しておくことをおすすめします。

▼2　社内SNS、コミュニケーションツール

社内SNS、コミュニケーションツールについては、本書の中でこれまでも何度か言及してきました。社内SNS、コミュニケーションツールにはメリットとデメリットがあります。それを踏まえた上で、シチュエーションに応じて活用していきましょう。

社内SNS、コミュニケーションツールを通じて報告する場合は、部下と一緒に報告の文案を考えるのも良いでしょう。これは部下の合意を得るためでもあります。事前に合意を得ていれば、トラブルに発展するリスクを軽減できます。

▼3 直接会社へ報告

喫緊に報告すべきとき、あるいは秘密厳守が求められるときは、しかるべき人にアポイントを取って直接報告を行います。また、報告した内容もしっかり記録しておきましょう。

この場合は**1対1の報告が原則**です。管理職以上が集まる会議などで報告すると、「無関心な人」「興味本位な人」「問題を拡散させる人」が入り込む余地があります。こういった人物は外して行うのが鉄則です。

POINT

そもそも、1対1で話したことは両者の秘密であることが前提。なので、共有して良いかどうかは許可を取るべき。また、共有の内容もきちんと確認しておかないと、後で食い違いが発生してしまう可能性がある。さらに、誰にどのタイミングで伝えるかも確認しておくこと。部下が望まない人やタイミングで共有すると思わぬアクシデントになってしまうこともある。共有の方法については、緊急性などを加味して、部下と相談して一緒に決めるのがいい。上司から会社への報連相こそが、組織の情報共有の要諦。

COLUMN

リーダーシップとフォロワーシップ

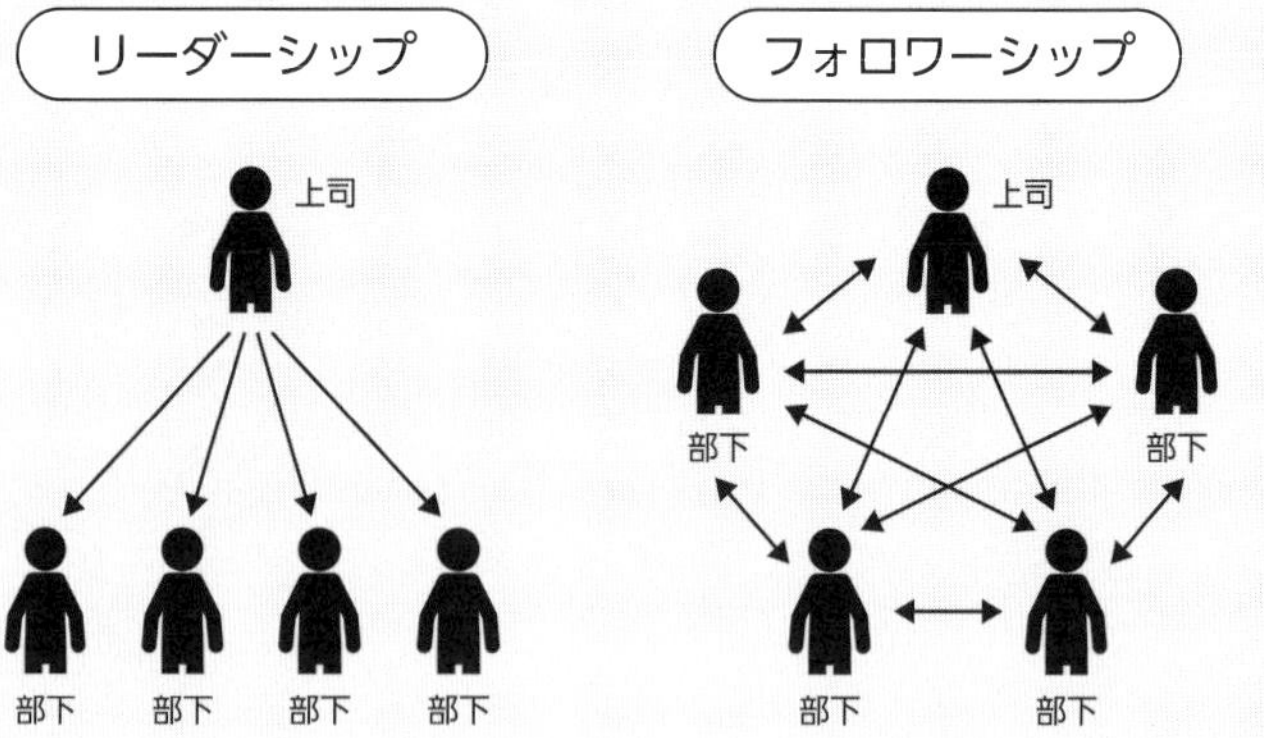

- 上司は目標を達成するために、部下に指示を出す
- 部下は上司の指示通りに動く
- 部下同士の連携は特になく、別々に目標達成を目指す

- 上司は部下に目標達成のための計画を説明し、部下はそれを理解する
- 部下は目標達成に向けて、自ら考えて行動する
- 部下同士で連携して、より効率的な目標達成を目指す

これまでの職場における上司と部下の関係性は、上司が指示を出し、部下はその指示に従う「リーダーシップ型」が主流でした。

しかし、これでは上司は孤軍奮闘して部下を動かし、職場全体の成果を上げなければなりません。

そこで、これからの職場におすすめなのが、「フォロワーシップ型」です。上司は、部下が自主的に働いて成果を出すためにサポートを行います。職場のメンバー全員で協力して目標を達成するのです。

ただし、その実現のためには、部下との信頼関係が不可欠です。

METHOD

第5章

ステップ3

今すぐできる！職場の問題を「改善する」技術

METHOD 14

できる上司は「コト改善」から

この章では、職場の問題を適切に把握した上で、改善を実行していくときのテクニックを解説していきたいと思います。

私は、職場の改善方法には3つの種類があると考えています。①ヒト（人）、②モノ（物）、③コト（出来事）、の3つです。

ヒトを改善する方法の代表的なものとして「**研修**」が挙げられます。部下のコミュニケーションスキルを上げるために、外部講師を呼んで研修を行うと、それなりの時間と費用がかかります。

もちろん、一度や二度研修を行ったからといって、簡単にスキルアップできるものではありません。人材育成は継続的に行う必要があります。つまり、ヒトの改善は非常に時間がか

職場改善の３つの種類

「コト」改善	「モノ」改善	「ヒト」改善
・コミュニケーションの改善 ・職場ルールの改善 ・業務の改善 など	・パーティションの設置 ・新しい機械の導入 ・新しいシステムの導入 など	・外部講師を呼んで研修する ・社内勉強会の実施 ・上司によるＯＪＴの実施 など

かるのです。

では、**モノ**を改善するケースを考えてみましょう。

これは職場で仕事に集中できるように、パーティションを設置するなどの**環境改善**が考えられます。ＳＥ（システムエンジニア）やプログラマーが働いている職場では、パーティションに囲まれた環境で仕事をしている人をよく見かけます。

社員を仕事に集中させたいとき、パーティションを設置するモノ改善は、たしかにヒト改善よりもスピーディーに効果が得られそうです。ただ、コストがかかるという問題がありますし、他部署との兼ね合いもあり、上司の一存で実行できないケースがほとんどです。

「ヒトの改善」や「モノの改善」には一定のハードルがあります。ですから、本書では、上司の立場で取り組みやすい「コト改善」に取り組むことを提案したいと思います。

では、具体的に「コト改善」にはどのようなものがあるのか。

次項から、一つひとつご紹介していきます。取り組みやすいものから実践してみてください。

POINT

職場の改善には、「ヒト改善」「モノ改善」「コト改善」の3種類ある。ヒト改善は効果は大きいが時間と手間がかかり、モノ改善はコストがかかるため、上司の立場で実践するにはハードルが高い。上司は、今すぐ自分でできる「コト改善」を実践する。

METHOD 15

スタッフのトリセツ

一言で「上司」「部下」といっても個性はバラバラです。

イライラするポイントも千差万別です。仕事に集中しているときに話しかけられるとイライラする人もいれば、話しかけられても全然平気な人もいます。

そこで、**職場の一人ひとりが自分の「トリセツ（取扱説明書）」を作成し、それを職場内で共有しておきましょう。**

「私は仕事の最中に話しかけられたくないので、パソコンから離れて一息ついているタイミングで声をかけてくれるとうれしい」といった具合に、自分自身のトリセツを公表してしまうのです。

事前にトリセツを共有しておけば、職場内でのトラブルが軽減されます。万が一、集中しているときに声をかけられても「申し訳ない。トリセツにも書いてあるように、集中しているときに声をかけられるのは苦手なんです」と説明しやすくなります。

トリセツは上司（自分）だけでなく、職場のメンバー全員分を作成しておくのが理想です。

共有する情報はさまざまです。

「自分からガンガン営業するより、周りの人をサポートするほうが力を発揮しやすい」
「仕事よりもプライベートを優先したい」
「資格を取得してスキルアップを目指している」
「常に事前準備を徹底するタイプ」

など、**情報を共有することで、周囲の応援や協力が得られやすくなります**。

トリセツというくらいですから、職場内で専用のフォーマットを作るのも良いでしょう。あまり膨大な情報を列挙すると共有しにくくなります。覚えておけるレベルがベストです。項目を3～5つくらいにしぼってまとめてみましょう。

おすすめは次の5つです。

▼1　仕事をする上で大切にしていること

職場内で各スタッフが仕事をする上で大切にしていることを共有すると、**相互理解が深まり、仕事の生産性向上に役立ちます。**その人がいつも何を心がけているのかがわかるからです。ここに記入する具体的な例としては、「お客様に喜んでいただくこと」「チームワークを大切にすること」「目標を必ず達成すること」などです。

▼2　仕事中にイラッとすること

部下の立場にある人は書きにくいかもしれませんが、これも重要な項目です。なぜなら、**日々の「イラッ」の積み重ねが信頼関係に悪影響を与えている可能性が高い**からです。また、部下からすると、上司がイラッとすることを知っていれば、仕事がしやすくなり生産性が高まるなどのメリットもあります。

▼3　得意なこと

たとえば、**事務職だから売上につながるような仕事はできないと決めつけるのはナンセンス**です。私がクライアントのスタッフと面談をしている中で、「実はＳＮＳが大好きでゲーム

「スタッフのトリセツ」を共有する

職場内でのトラブルが軽減し一人ひとりが周囲の応援や協力を得られやすくなるメリットがあります。下記を参考に3～5項目にしぼって「スタッフのトリセツ」を作成しましょう。各項目のコメントは、全員分を覚えておけるくらいの「なるべくシンプルなもの」を書いてもらってください。そして職場のスタッフ全員分を作りシェアします。

名前：〇〇〇〇〇

① 仕事をする上で大切にしていること
（➡ 職場でシェアすると、スタッフ同士の相互理解が深まる）

② 仕事中にイラッとすること
（➡ 職場でシェアすると、仕事がしやすくなり生産性が高まる）

③ 得意なこと
（➡ 職務を超えたものを書いても OK。職場でシェアすると効果的）

④ 苦手なこと
（➡ 職場でシェアすると、周りからの配慮が得やすくなる）

⑤ 将来実現したい目標
（➡ 職場でシェアすると、仕事の割り当て方や教育方針などを最適化できる）

実況もやっている」という事務スタッフがいました。そこで、私はその方に「良かったら会社のYouTube担当をやってみませんか？」と尋ねてみると即快諾。今では社内YouTuberとして大活躍されています。

▼4 苦手なこと

私がクライアントのスタッフと面談をしていると、営業職の方は事務仕事が苦手という方が多いのですが、見積もりや資料作成などに追われている姿を目の当たりにすることがよくあります。

そういった場合は、「事務仕事は苦手」と**素直に書いておくことで、周りからの配慮が得やすくなります。**

▼5 将来実現したい目標

こちらの項目には、「最高のプログラマーになりたい」「最年少部長を目指している」「定年まで勤め上げる」など職場における目標を書きます。**各スタッフの目標を理解していることで、仕事の割り当て方や教育方針などを最適化**することができます。

なお、共有の方法は、いつでも見返せるように、スマホサイズくらいのカードを制作するのがおすすめです。また、クラウド上で共有したり、壁などに貼り出しておくのもアリです。

POINT

どんな人にも個性がある。そのため、わかってはいても克服するのが難しい弱点がある。そこで、職場のスタッフ同士で自分のトリセツを作り、公開してみんなにあらかじめ知っておいてもらう。そうすることで、不慮のトラブルを防いだり、お互いの長所を活かしあったりする雰囲気を職場内で醸成することができる。

METHOD 16

職場の暗黙のルール明文化法

職場には、**「ルール化しないと社員の不満を増長する要因」**があります。

代表的なものの一つが、**たばこ休憩**です。現在の40代以上の世代にしてみれば、たばこ休憩はごく日常的なシーンであり、問題視されることがなかったかもしれません。

しかし、現在は喫煙に対する目が厳しくなっています。職場内は当然禁煙ですし、職場が入っているビル内でも喫煙場所は限られています。

中には、職場から喫煙所まで往復するのに10分近くを要するケースもあります。１日３回たばこ休憩をしただけで、実際に喫煙している時間を含めると、ほぼ１時間は離席している計算です。

非喫煙者から見れば、不公平に見えても仕方ないでしょう。「喫煙者ばかり休憩を取ってズルい」と不満を持つようになります。この不満は徐々にエスカレートします。

「そもそも、たばこ休憩から戻ってくるとたばこ臭い。休憩を取った上に人に迷惑をかけるなんて信じられない」

こうなると「喫煙者の休憩時間に制限を設ける」「非喫煙者にも特別な休憩を設ける」といった、ルール化が必要でしょう。

ただし、ルール化には弊害があるのも事実です。**ルールが増えると、仕事は窮屈になります。**

たとえば、会社の備品であるボールペンを私的に持ち帰ってしまうケースが続けて起こったとしましょう。それを受けて、備品管理のルールが厳格化されることになりました。消しゴム1個持ち出すときにも、申請書と上司の決裁が必要となるルールを導入したのです。

でも、仮に年間でボールペンの紛失が1～2本程度だとするとどうでしょう。明らかに、備品管理に要するコストが、紛失によるロスを大きく上回ります。**ルール化した結果、仕事が窮屈になるだけでなく、コストも増える、居心地の悪さを感じる社員が増加する**などの弊害が連鎖します。つまり、ルールは基本的に少ないほうがいいのです。

上司としては、**「職場の問題を改善するためにルール化が必要であること」**と同時に、**「ルールが増えると仕事が窮屈になること」**をアナウンスする必要があります。

部下には自主的に問題となるような行動を慎むように促す。この基本を忘れないようにしてください。

その上で、必ずルール化しておくべき内容があります。

それは、**職場内で「必ず守らなければならない暗黙のルール」**です。

職場には、空気感的に決まっている決め事があります。たとえば、**申請書類の提出方法や社用車の使い方など**です。

「社用車を使うときは、後の人が使いやすいように片づけなさい」などといっても、「使いやすい」の基準は人によって異なります。現在の日本社会は、年代によっても考え方は大きく異なりますし、まして外国の方とも一緒に働く時代です。**「空気を読め」というのはナンセンスです。**

従来では、こういった暗黙のルールを察知して先回りできる人が素晴らしいとされていました。しかし、空気を読むという本来の仕事とは関係のないところで、精神的に消耗することは、業務遂行上、大きな損失となります。

スタッフが余計な気を遣わなくても良いように、職場内で必ず守るべき暗黙のルールを、誰が見てもわかるように明文化します。そうすることで、本来の仕事に集中できる環境を作ることができ、職場の生産性向上につながります。

POINT

職場で暗黙の了解として存在しているルールに不満を持っているスタッフは少なからずいる。そこで、客観的に見て、、やはり理不尽なものについては、「タバコ休憩は1日1回まで」などのように良いか悪いかの線引きをする必要がある。ただし、ルールが増えると、職場はどんどん働きにくくなるので、最低限に留める必要がある。必ず作るべきルールは、必ず守る必要があるのに明文化されていないもの。これをルール化することで、スタッフは余計な気を遣わずに、本来の仕事に集中することができる。

METHOD 17

やめる業務MTG

「**ECRSの原則**」をご存じでしょうか。これは業務改善を実施するときの順序をまとめたものであり、**Eliminate（排除）、Combine（結合）、Rearrange（再編成）、Simplify（簡素化）**の頭文字で表したものです。

この原則に従うなら、業務改善の手始めは「**排除**」、やめることです。まずは、全体の業務の中でやめられる業務を徹底的に洗い出し、やめることを決断します。

「**結合**」とは、二度手間となる業務、二重作業を1つに統合するイメージです。

二重作業が起きやすいのが、ITのシステムを導入したときです。本来、業務の簡素化を意図してシステムを導入するのですが、従来のアナログシステムも機能したままになっていて、二重作業を引き起こす場合があります。

せっかく電子署名のシステムを使い始めたのに、役員が頑なにハンコを押したがるので、

「ECRS の原則」

順番厳守

	内容	例
①排除 Eliminate	【やめられないか】省略できるムダな業務はないか？	過去からの経緯だけで実施しているムダな業務はないか？
②統合 Combine	【まとめられないか】他の業務とまとめることができる業務はないか？	重複業務などのまとめてしまえる業務はないか？
③再編成 Rearrange	【入れ替えられないか】やり方、担当者などを変更できないか？	機械、システム、アウトソーシング（、部下）にやってもらえないか？
④簡素化 Simplify	【簡単にできないか】業務をもっと簡単にできないか？	今、実施している業務をもっと単純に簡単にできないか？

簡素化から進めると、現状の業務に簡素化のための負荷が加わるため、キャパオーバーになってしまい、うまくいかないことが多い。まずはムダな業務をやめることから始める。

結局両方に対応するような会社もあります。こういった二度手間、三度手間の作業は職場内に大小たくさんあります。これらを結合することで、業務を減らしていきます。

そして、「**再編成**」とは、社内で行っていた業務をアウトソーシングするなどの改善を意味します。

以上の「排除」「結合」「再編成」を経た上で、初めて「簡素化」に着手します。

最初から「簡素化」に取り組もうとすると、もともとの業務に簡素化するための活動がプラスされて逆に仕事が増えてしまうので、職場が疲

弊して結局挫折する可能性が高くなります。ですので、まずは「やめること」から着手しましょう。

ただし、やめることは前例を覆すため、勇気が必要です。社員は「勝手に仕事を変えた」と非難されるのを恐れます。

ですから**上司や職場のリーダーが主導して職場のメンバーの合意をとり、一気にやめることが肝心です。この合意を取るために「やめる業務ミーティング」を行うのが有効です。**

これを半年に一度くらいのペースで継続すると、劇的にムダな業務が減ります。放っておくと業務はどんどん増加する傾向があるので、定期的なミーティングの実施がおすすめです。なお、ミーティングの効果的な進め方は、「会議」の項目で後述します。

POINT

「改善しろ」と声かけをしてもうまくいかないのは、「簡素化」から始めようとするから。実はスタッフの立場で実践できるのは簡素化くらいしかない。そこで、上司が本来改善のスタートである「排除」を率先して進めていけば、職場は劇的に改善する。また、仕事は時間の経過とともに増加する傾向があるため、定期的に仕事を減らすことが重要となる。

METHOD 18

期間限定変更法

職場で改善をしようとすると、必ずといっていいほど反対する声が上がります。

たとえば、何か改善につながる研修を実施しようとすると、「そんな研修をやっても意味がない。忙しいのに時間のムダだ」と否定する人が登場します。反対勢力は一瞬で勢力を拡大します。そのまま強行しようとするとお互いにしこりを残すおそれもあります。

このように、現状を維持しようとする作用のことをホメオスタシスといい、生物として安全に生きていくために恒常性を追求することは当たり前のことでもあります。つまり、**何か新しいことをしようとすると、必ず反対勢力が出てくるものと考えたほうが自然**なのです。

そこで上司は次のようなアナウンスをすべきです。

職場改善は「期間限定」でスタートする

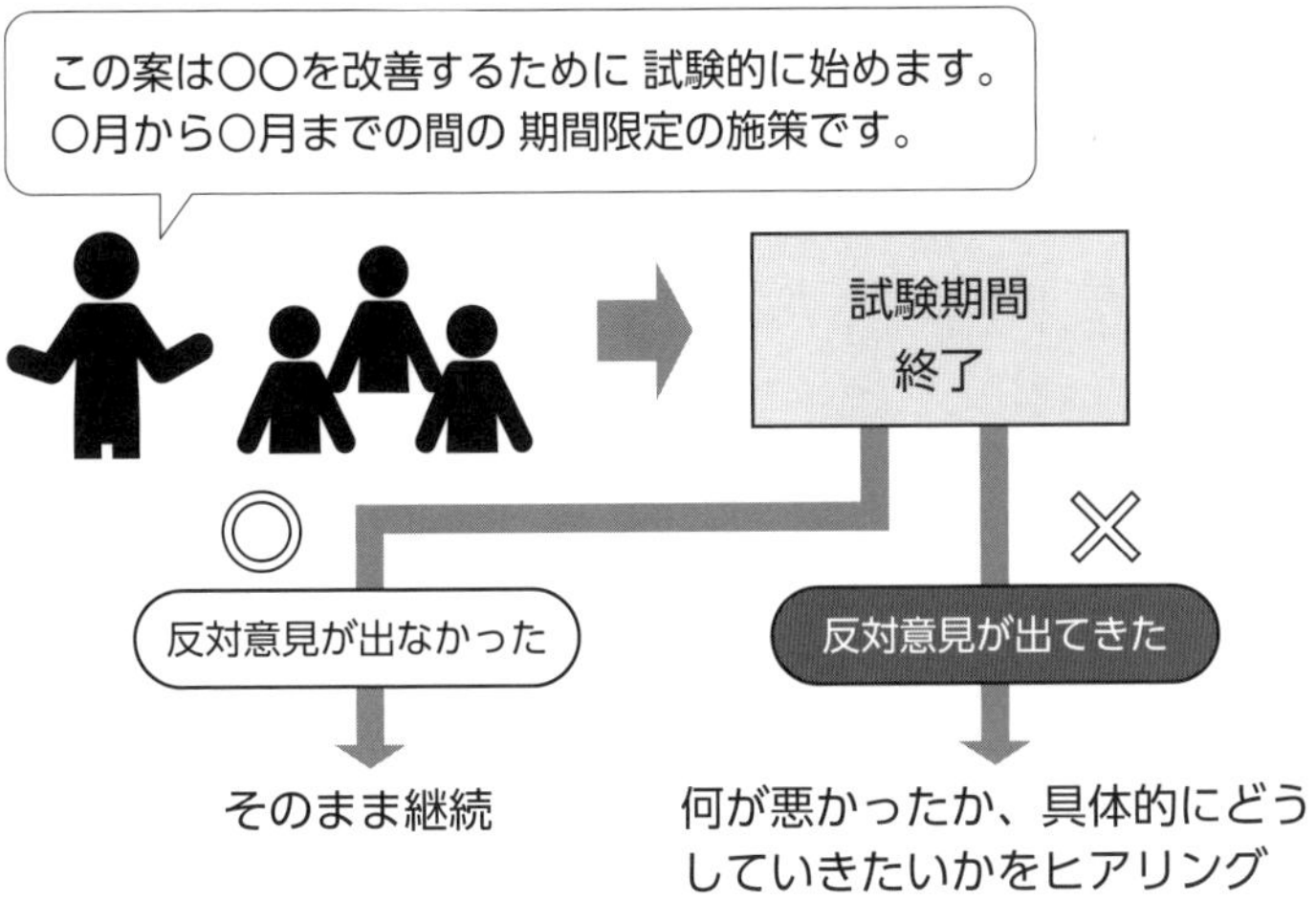
この案は○○を改善するために 試験的に始めます。
○月から○月までの間の 期間限定の施策です。
試験期間
終了
◎
×
反対意見が出なかった
反対意見が出てきた
そのまま継続
何が悪かったか、具体的にどうしていきたいかをヒアリング

「新しい取り組みをしないと職場は改善できない。ただ、あなたが主張するように１００％効果が出るとは断言できない。だから、半年に限定して取り組むことにしよう。その上で改めて半年後にみんなの意向を聞くから、そのときに今回の取り組みに異論があるようだったら、具体的な反対理由や対案を出してほしい。その理由や対案が正しいという意見が多いようなら、すぐにやめることを約束する」

つまり、**期間限定で試験的に取り組むと宣言する**のです。期間限定変更法は、改善の説得するときに最も効果を発揮する手法です。

こうすると、反対する声のトーンが弱ま

ります。**改善のためにチャレンジすること自体は否定できない**からです。

しかも、半年経過しても、「約束通りやめたい」という声はほとんど出てきません。要するに、ただ新しい取り組みに嫌悪感を感じていただけ。きちんとした反対理由や今実施している改善活動に代わるような提案は基本的に出てこないので、職場内で継続の承認をとれば、そのまま進めていくことができます。

もし、きちんとした反対理由や対案が出てきたとしたら、それを実行すれば良いだけです。むしろ、積極的にそのアイデアを考えてくれたスタッフがいることを考えると、職場全体が成長しているといえます。どっちに転んでも改善が進んでいきます。

POINT

職場における改善活動には必ず反対勢力が現れる。そのための対策として、「期間限定で実施したい、そして、やってみた結果、やはり良くないというのであれば、ぜひその理由と改善策を教えてほしい、その内容が正しいという意見が多ければやめる」と伝えます。これによって、特に理由なく、現状に満足し維持したいと考えていた人たちからの批判を回避できる。また、本当に改善していきたい人からの意見を聞くこともできる。

METHOD 19

プラスワード変換法

「言霊」という言葉があるように、人が口に出す言葉には物事を実現させる大きな力が宿っています。にもかかわらず、日本の職場には、普段から否定語がたくさん飛び交っている現状があります。たとえば次のような発言はどうでしょうか。

「私は管理職として常にあきらめることなく頑張ります」

これは前向きな姿勢を語っているようですが、否定語を含んでいるため、思考がどんどん否定的になってしまいます。人間の脳は二重否定を理解するのは得意ではありません。だからこそ、**肯定語に置き換えて発言するべき**なのです。

否定語を聞く職場の部下も思考が否定的になるので、職場全体の雰囲気は悪化してしまい

マイナスワードをプラスワードに変換する

マイナスワード		プラスワード
1. 腹が立つ	▶	1. 目が覚めた
2. 恥をかいた	▶	2. 新しい気づきがあった
3. 失敗した	▶	3. 良い経験になった
4. 疲れた	▶	4. よく頑張った
5. 散らかっている。汚い	▶	5. 気持ちよく仕事ができる空間をつくろう
6. 仕事ができない。才能がない	▶	6. 伸びしろがある
7. 叱られた	▶	7. アドバイスをもらった

ます。

そこで、前述のフレーズをプラスワードに変換すると次のようになるでしょう。

「私は管理職として必ず目標を達成します」

このほうが前向きでわかりやすいはずです。製造業であれば、「不良率を減らす」よりも「良品率を増やす」、「事故を起こさない」よりも「安全第一」のほうがいいでしょう。

上司として、普段の言葉遣いにプラスワードを増やすだけでなく、職場全体でプ

ラスワードを増やすように取り組んでみましょう。

「プラスワード強化週間」のような取り組みで、期間内はマイナスワードを使わないように競い合うなど、ゲーム感覚でチャレンジしてみます。実際に試してみると、最初は話しにくさを感じるかもしれません。同時に、**いかに普段から自分たちがマイナスワードを乱発していたかに気づく**はずです。

しばらくすると、プラスワードが身についてきて、自然と口に出せるようになります。全員で取り組めば、それだけでも職場全体の雰囲気が明るくなってきたり、目標達成が習慣づいてきたりすること請け合いです。

歴史ある中小企業などでは実施するのが難しいかもしれませんが、職場の雰囲気を明るくしていきたい上司におすすめの方法です。

POINT

実は、日常会話には否定的な言葉が溢れかえっている。否定的な言葉はマイナス思考の原因となってしまう。そこで、普段使っている言葉をすべてプラスイメージの言葉に変えてみる。「プラスワード強化週間」を作るなど、楽しみながら実践するのがポイント。これだけでも、職場の雰囲気は一変する。ぜひだまされたと思って実践してほしい。

METHOD 20

職場内でも経営計画を作る

最近、大企業はもちろんですが中小企業においても、**経営計画発表会**を実施することが一般的になってきました。会社として目標を示すことで、スタッフが同じ方向を向いて仕事に励むことができるのが狙いです。

そして、経営計画発表会に必要なものといえば、**経営計画書**です。

経営計画書とは、企業が計画的に経営を推進するために方針や目標などを掲げたものですが、これを職場内でも作るのがおすすめです。

なぜなら、全社的な経営計画を知ったとしても、現場のスタッフは、自分自身が具体的に何をすれば良いのかを理解できていないことがほとんどだからです。残念ながら、これが原因で、会社発信の経営計画発表会はセレモニー的な役割しか果たしていないことがよくあります。

職場内で経営計画書を作成するメリットは３つあります。

▼１　目線合わせ

職場にはいろいろな考えを持ったスタッフがいます。何の対策もせずに、みんなが同じ方向を向いて、勝手に会社が求める成果を出してくれると期待するほうが無理があります。そのため、具体的な方針や目標を示すことで、職場のメンバーの目線合わせをすることができます。

▼２　常に意識することができる

口頭で伝えることも大切ですが、資料として残しておくことも大切です。なぜなら、後で読み返すことができるからです。目標は常に意識していないと達成することはできません。経営計画書があることで、いつでも確認することができます。

▼３　上司への信頼が高まる

無計画な上司が管轄する職場では、スタッフは何をすれば良いのかわからずに困っていることがよくあります。単に売上を上げろといっても、やり方は千差万別です。飛び込み営業

職場の「経営計画書」を作る

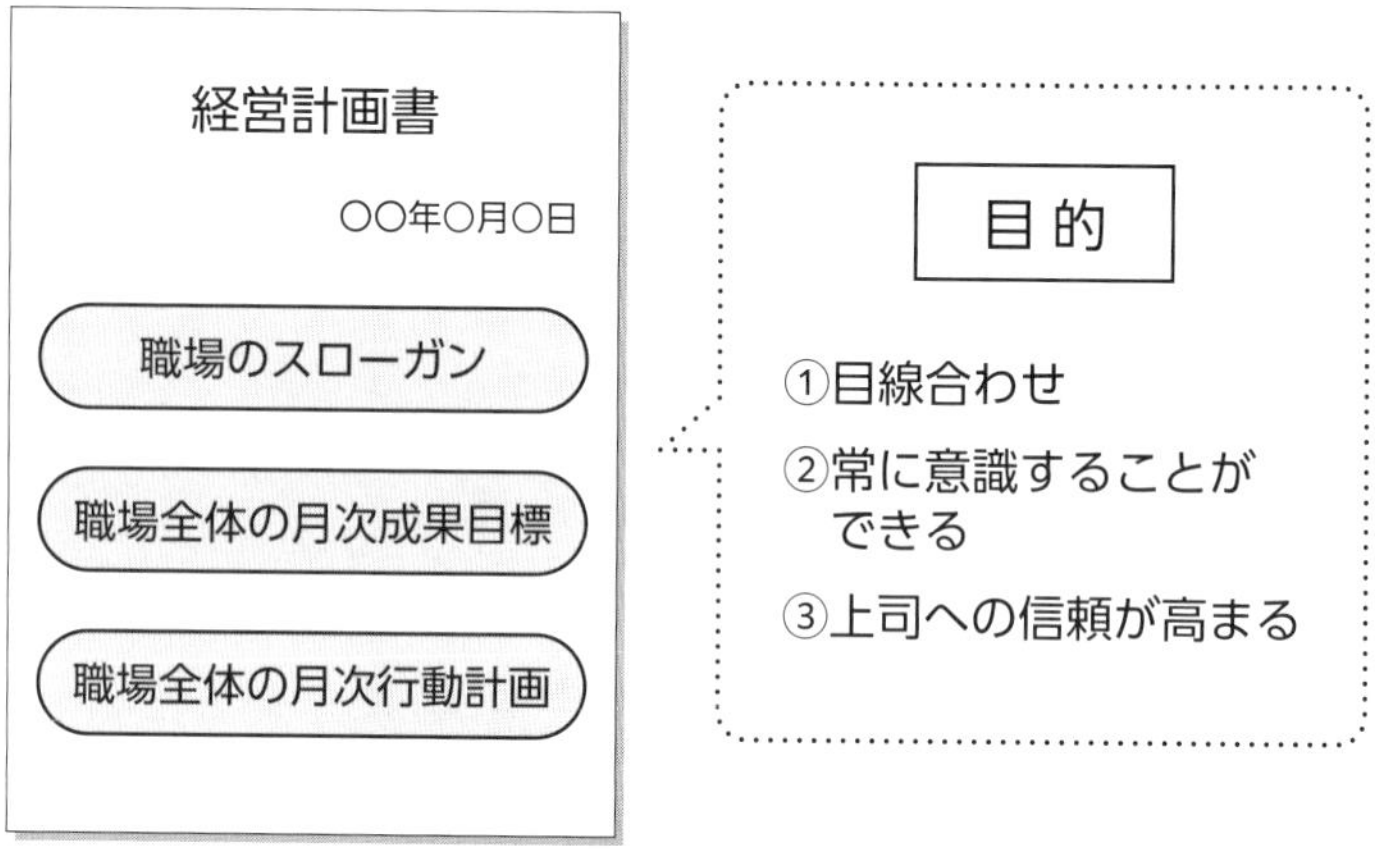

が良いのか、テレアポが良いのか、YouTubeを始めれば良いのか、がわかりません。「勝手に考えて自分でやれ」という気持ちもわからなくはないですが、売上や利益など数字を列挙するだけではなく、具体的な行動まで計画に含めて示すことで、スタッフと認識が共有できます。

その結果、ズレ・モレ・ヌケがなくなり、職場のパフォーマンスは向上します。

ところで、会社の経営計画書とは違い、職場の経営計画書を作るときに重要なことがあります。それは、**会社の経営計画書の内容と合致していること**です。上司は会社の経営計画にもとづき、職場の経営計画を策定する必要があります。

そのため、職場の経営計画書で大切なのは、職場に与えられた目標を達成するための「①職場のスローガン」「②職場全体の月次成果目標」「③職場全体の月次行動計画」です。

なお、目標管理制度を導入している職場では、目標管理の期間と連動させて経営計画書を作成し、経営計画発表会を実施するのがおすすめです。発表会といっても、職場内で実施するため、30分間もあれば十分実施できます。きわめて時間対効果の高い取り組みです。

POINT

会社発信の経営計画は、現場のスタッフが具体的に何を実施すれば良いのかをわからないでいることが多い。そこで、上司は、会社の経営計画にもとづいて、職場の経営計画を作り、スタッフの具体的な行動を引き出していくべき。また、目標管理制度を導入している職場では、目標管理制度と連動して進めていくと、より効果的。

METHOD 21

素直に謝る

シンプルでありながら、意外と見過ごされがちなのが、**上司が素直に謝るという姿勢**です。上司と部下で意見が食い違ったときや対立したとき、頑なに「部下のほうから折れるのが筋」と考えている人がいます。しかし、頑なな態度は職場内でのアンチを増やすだけ。上司にとっては一方的な損となります。

ですから、自分の非は素直に認めて自分から謝ってしまうのが得策です。立場が上の人が折れると、「そこまでするのなら」という雰囲気が生まれます。その姿を見て、部下のほうが改心することもあります。実は、**自らの非を認めて素直に謝るだけで人間関係は劇的に好転します**。

素直に謝るためには、見栄やプライドは捨てるべきです。

見栄やプライドを捨てると、普段の振る舞いにも変化が生まれます。部下に対して、**「わからないことはわからない」「教えてほしい」という謙虚な姿勢で接することができる**ようになります。結果として部下から好かれるようになります。

しかも、若い世代が得意とするＩＴの知識など最新の情報を知ることができ、自分自身を成長させ続けられるのです。

たとえば、面談や会議などで部下が勇気を持って改善してほしいことを提案してくるような場面があったら、次のように声をかけてはいかがでしょうか。

「そうだったのか。今までまったく気がつかず申し訳ない」

このように、まずは素直に謝るところから始めるのです。とはいえ、ひたすら下手に出るのとは違います。

「ただ、いっていることの問題点をよくわかっていないんだ。申し訳ないけど、詳しく教えてもらえないだろうか」

謝るだけでなく、改善することも大切です。何を改善すれば良いのかを具体的に理解できない場合は、素直に部下に聞いてみましょう。もちろん、上司と部下の溝が深い場合、時間はかかってしまいます。しかし、**上司の謙虚さと真剣さが部下に伝われば、部下は次第に協力的に動いてくれるようになります。**

POINT

職場の人間関係が悪くなっているとしたら、もしかすると、上司にも原因がある可能性がある。過去を振り返り自分にも非があると思うなら、部下と話し合い、素直に謝る。謝ることができる上司は、部下との信頼関係を修復できる可能性が高い。見栄とプライドを捨てることができる上司は、その器の大きさが部下に伝わり好かれる。また、そのとき、具体的に改善すべきポイントを確認しておくのも効果的。

METHOD

第6章

リーダーシップがなくてもできる！
上司の仕事を「改善する」技術

METHOD 22

会社は上司教育には投資しない

なぜマネジメントスキルを養成しないのか

働き方改革関連法の施行や新型コロナ感染拡大などの状況を受け、今、多くの会社が職場改善に本気で取り組もうとしています。ところが、肝心の現場では、実行部隊となるべき上司層がほとんど機能していない状況があります。

たとえば、会社として何か新しい業務改善を実施しようとすると、上司層が「ただでさえ忙しいのに、面倒な仕事を追加しないでほしい」と反発するケースがあります。

あるいは、部下からの不満をかわすために、上司が会社を悪者にするパターンも珍しくありません。

「俺はこんな取り組みは嫌だし、無駄な取り組みなのはわかっているけど、会社がやれっていうから仕方がない。我慢してやるしかないだろ」

そんなふうに上司が部下に伝えることで、会社の発信したいメッセージがねじ曲げられ、期待したように改善が進まなくなっています。

上司層が機能しないのは、上司個人の資質に問題があるのかもしれません。しかし、私から見ると、そこには単純に上司本人の問題として片づけることができない、構造的な問題があると考えています。

第一の問題は、管理職への登用の仕方です。

ほとんどの場合、会社では実務で優秀な実績を出している人が、ある程度の年齢に差し掛かったところで「そろそろ管理職になりなさい」といわれて上司になっています。

中には、社内営業や社内プレゼン、ゴマスリのうまい人が評価されて昇格するケースもあります。いずれにしても、**昇格にあたっては本質であるマネジメントスキルが問われていないことが多い**のです。

そもそも管理職を登用する立場にある人自身が、マネジメントスキルを認められて上司になったわけではありません。そのせいで、何となく自分の経験をもとに部下を昇格させてしまっている状況があります。

彼らはマネジメントに関する教育を受ける機会が少なく、また注意をされる機会も少ないため、「自分たちはマネジメントができている」と思い込んでしまっています。

そのため、「自分たちにはマネジメントスキルが不足しているかもしれない」という疑問を持っていないのです。

よく、スポーツの世界などでは「名選手、名監督にあらず」という表現が使われることがあります。現役時代は名選手として活躍した人でも、引退して指導者になると、必ずしも結果を出せるわけではないということです。

プレイヤーとして成績をあげる能力と、指導者として指導する能力は別物。そんなことは、誰でもみんなわかっているはずなのに、なぜかビジネスになると、当たり前のように成績優秀者を「成績がいいから」という理由で管理職にしています。

そして、スポーツなら、選手は指導者による技術やメンタルについてのきめ細かな指導が必要だとわかっているのに、自分の職場では「仕事は人に教わるものじゃない。先輩の背中を見て学ぶものなんだ」といわんばかりのマネジメントをしているのです。これでは、職場が良くならなくても何の不思議もありません。

上司に必要なのは精神論ではなく、メソッドである

私が一番深刻だと感じているのは、**上司層に問題があるという事実を会社がほとんど認識していない**点です。

会社としては職場改善に前向きなのですが、問題がどこにあるのかよくわからないので、「とにかく上司と部下に面談をさせて、問題を挙げてもらえばいい」などと結論を出しがちです。現に、そうやって会社にいわれるがまま面談を行っている上司は、全国各地に何万人もいるはずです。

でも、**「プレイヤーとしては優秀かもしれないけど、マネジメントスキルに乏しい上司」から「職場の問題点を率直に挙げてほしい」といわれて、面談の場で本音を口にする部下が、いったいどれくらいいるでしょうか。**

現実は、当たり障りのない発言をして面談を終えようとする部下が大半です。そして上司は、面談シートを次のようにまとめます。

「○○さんは健全な愛社精神を持っているし、向上心もあります。特に問題なく働いていると思います」

結果として、報告を受け取った会社の上層部は、「現場に問題はないはずなのに、どうして成果が出ないのだろう？」と頭を抱えることになるわけです。

こういう会社で私が若手社員にヒアリングをすると、報告書で見聞きしていたのとはまったく別の現実を目の当たりにします。

若手社員は、私に向かって次々にこういいます。

「この会社、本当に終わってますよ。上司は自分の成績さえ上げていればいいという感じで、職場を良くしようなんて全然考えていないんです」

「新卒3年目ぐらいの社員は、全員転職サイトに登録してると思いますよ」

繰り返しますが、こうした状況が生じているのは、上司個人のせいではなく、上司を教育しない構造に問題があります。

本来、会社はもっと上司の教育に投資をすべきなのですが、「教育投資は若手に行うもの」

という固定観念が強く、どうしても後回しになりがちです。

もちろん中には意識の高い上司もいます。マネジメントスキルを向上させるために、ビジネス書を読んで勉強するなどの自己投資を行っている人はいます。

けれども、**既存の「上司本」には、リーダーシップなどの精神論を説いたものが多く、管理職として実務上の課題にどう向き合っていけば良いのかを解説してくれるものは少ない**のが現状です。そのため、多くの上司は学べば学ぶほどどうして良いのかわからず右往左往しているのです。

この章では上記の現実を踏まえて**会社は教えてくれないにもかかわらず、会社から求められている「上司の仕事」を遂行するために必要な実務に即したメソッド**をお伝えします。

POINT

上司になるために求められたスキルと、上司になってから期待されているスキルは、大きく異なる。にもかかわらず、上司は会社から育ててもらう機会を与えられていないことがほとんど。だからこそ、まず始めに上司に必要なのは、リーダーシップなどの精神論ではなく、上司としての業務を遂行するための具体的なメソッドである。

METHOD 23

「人事評価」を改善する

人事評価の納得性は、上司と部下の信頼関係が大きく影響する

上司の重要な仕事の一つに**人事評価**があります。人事評価には、ご存じの通り数値で表せる**定量評価**と、数値化しにくい**定性評価**とがあります。

定量評価は、「売上を前年比○%上げた」「○件契約できた」のように判断材料となる成果が明確なので、公正に評価しやすいというメリットがあります。

しかし、営業に大きく特化した会社はともかく、定量評価だけで人事評価を行っている企業は少ないのが現実です。なぜなら、**数値だけでは測れない要素も、職場の生産性を高めるには不可欠である**と認知されているからです。

多くの企業では、人事評価の基準に定性評価の項目が盛り込まれ、評価シートにも記載さ

れているはずです。ところが、この定性評価には難しい問題があります。人によって評価がまちまちであるという問題です。

わかりやすいように例で考えてみましょう。新卒で入社したAさんとBさんがいたとします。AさんはC上司の下に、BさんはD上司の下に配属されて仕事をしています。

さて、人事評価の段になって、C上司とD上司は評価項目の一つである「挨拶」について評価することになりました。AさんとBさんは職場内では同じような挨拶をしています。ところが、C上司が「Aさんは、きちんといい挨拶ができている」と評価しているのに対して、D上司は「まあ挨拶は普通レベルだな」と評価しています。つまり、同じような挨拶でも、評価者によって評価が異なっているのです。

こうなると、甘い評価をしたC上司の下にいるAさんが得をして、厳しい評価をしたD上司の下にいるBさんは損をすることになります。評価は上司しだいであり、「上司ガチャ」などと表現されるゆえんです。

これは、冷静に考えれば会社に責任の一端があります。というのも、上司は会社から与えられた材料とルールにしたがって自分の感覚で評価しただけ。**評価者としての研修を受けて**

もいない状況で、定性評価がバラつくのは当然の結果なのです。

そこで、会社によっては、こうしたバラつきを是正するために、評価の基準を細かく明文化しようと試みます。たとえば「挨拶」を5段階評価として「1 挨拶しない」「2 目線を合わせて会釈をする」「3 声を出して頭を下げて挨拶する」「4 3より声が大きくお辞儀が深い」「5 4に笑顔が加わる」と判断基準を設けたとします。

すると、今度は「3と4の線引きはどこですべきか」「どこから笑顔になったと判断すべきか」といった問題が生じます。そうやって細かく規定していくと、辞書レベルの複雑な文書ができますし、それでも最終的に基準が完全にクリアになるわけではありません。

定性評価である以上、ある程度基準が曖昧なのは仕方がないことです。それを極限まで明確にしようとすることに無理があるのです。

重要なのは、あくまでも上司と部下の信頼関係です。

上司がきちんと部下の働きぶりを見た上で、「君は普段、挨拶のときに○○をしていたから評価は4です」と伝えれば、部下は納得できます。部下が納得すれば、多少の評価のバラつきや曖昧さなどは問題にならないのです。

逆にいえば、上司と部下の信頼関係がない場合、たとえ満点の評価をされても部下は納得できません。「どうして私は満点なのですか？」と部下に聞かれたとき、上司が「特に具体的な理由はないけど、とりあえず満点だから文句はないでしょ？」と答えたら、やはり部下は納得できません。評価の善し悪し以前に、大事なのは信頼関係なのです。

信頼関係を作るには、前提として上司が普段から部下の働きぶりを正確に把握し、評価する必要があります。

よく上司は部下を褒めることが大切といわれますが、漠然と「最近よく頑張っているな！」と褒めても部下の心に響きません。部下は「あの難しいお客様を相手に成約したとは、本当にすごい！」のように、具体的な事実について褒めてほしいのです。つまり、**上司は部下の仕事ぶりを観察し、具体的な記録に残しておく必要がある**ということです。

日次や週次は難しいとしても、少なくとも月次では面談を実施し、評価事実（人事評価の対象となる事実）を収集し、記録しましょう。

「時間がないから面談ができない」という人がいますが、そもそも月に一度、部下と30分程度の面談時間を作れないのはタイムマネジメントに問題があります。（会社によっては1人の上司が担当する部下の人数が30人を超えるなどという場合もありますが……）

面談では評価基準を見ながら、「今月はこんな仕事をした」という具体的な事実を確認していきましょう。その事実を積み重ねた上で人事評価を行えば、部下の納得度は高まります。

評価基準が曖昧なときは上司と部下で合意を作れ

人事評価では、評価基準について部下と上司の合意を作っておくことも肝心です。**特に重視していただきたいのが、「できたとするレベル（標準点）」の認識の共有です。5段階評価なら「3」の基準を共有する**ということです。

5段階評価の場合、会社としては「1　大いに問題がある」「2　やや求めるレベルに達していない」「3　標準的に期待されるレベル」「4　求めるレベルを超えている」「5　次のステップに昇格しても良いレベル」という認識を持っているケースが大半です。つまり、会社側の認識としては「3」は「できた」という評価をしているといえます。

一方で、部下の側からすると「3」は「あまり評価されていない」というイメージを持つ傾向があります。これがズレの原因となりがちなのです。

ですから、**まずは「できた」とする「標準点3」の目線合わせに力を注ぎましょう。**これに関しては、職種や役職別に評価基準が異なる場合は個別に話し合い、評価基準が同じ場合

「基準のわかる化」の例（挨拶ができる）

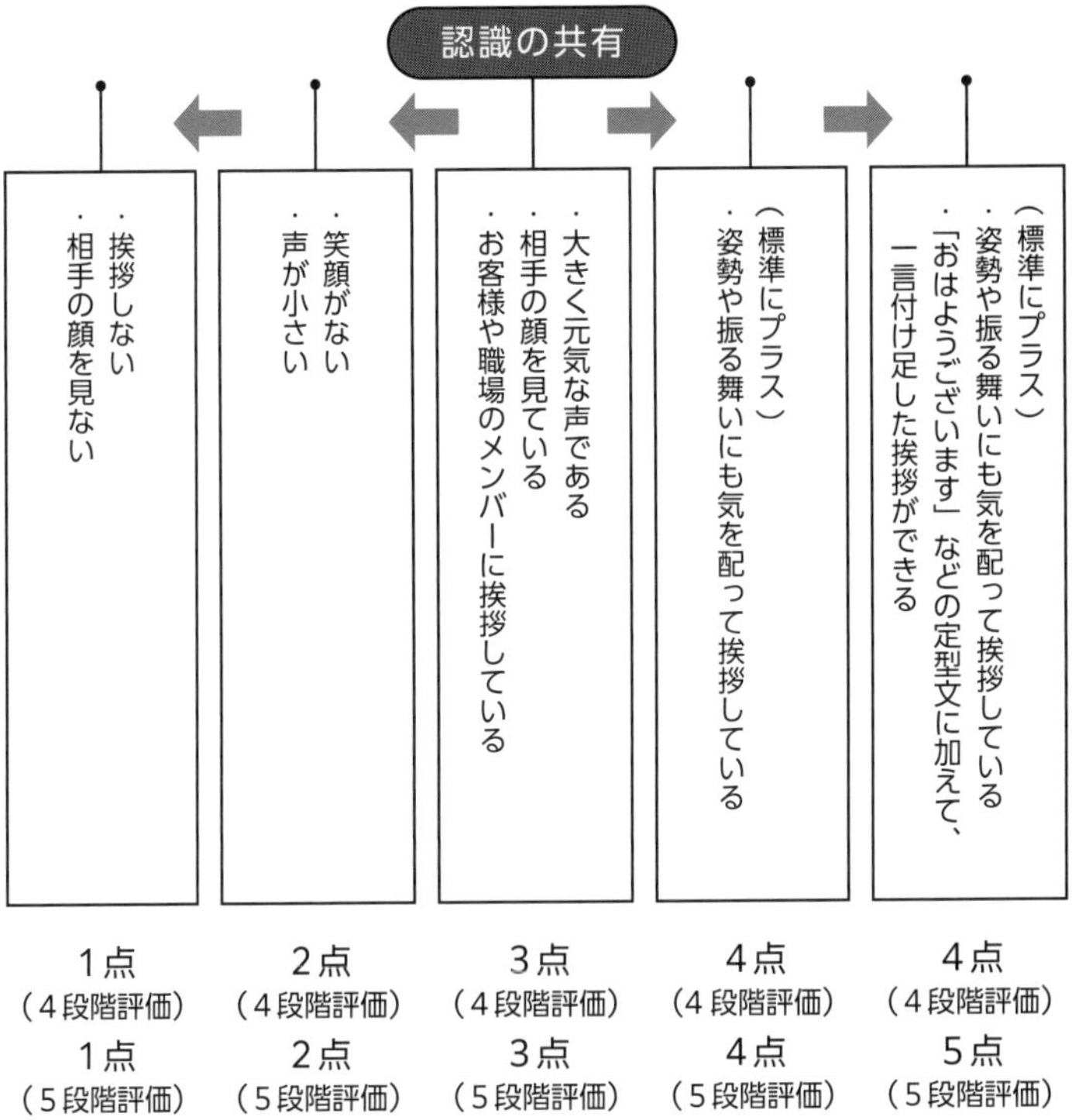
認識の共有
・挨拶しない
・相手の顔を見ない
1点
（４段階評価）
1点
（５段階評価）
・笑顔がない
・声が小さい
2点
（４段階評価）
2点
（５段階評価）
・大きく元気な声である
・相手の顔を見ている
・お客様や職場のメンバーに挨拶している
3点
（４段階評価）
3点
（５段階評価）
（標準にプラス）
・姿勢や振る舞いにも気を配って挨拶している
4点
（４段階評価）
4点
（５段階評価）
（標準にプラス）
・姿勢や振る舞いにも気を配って挨拶している
・「おはようございます」などの定型文に加えて、一言付け足した挨拶ができる
4点
（４段階評価）
5点
（５段階評価）

標準点に対する基準を明確にしておく。
標準点は、上司と部下の間で面談によってすり合わせをしておく。

は職場全体でミーティングを行うのがおすすめです。

標準点について事前に具体的な内容に関する合意が取れていれば、実際に人事評価を行ったときに部下は納得できるようになります。**こういった事前合意については会社側がフォローしてくれるケースは少ないため、上司が率先して実施しましょう。**

POINT

定性評価を取り入れている場合、評価基準はあいまいにならざるを得ない。明文化しようと試みても、定性評価の場合、限界がある。むしろ、部下の納得感は普段から上司がしっかりと自分の働きぶりを見てくれているかどうかにかかっている。そのため、最も大切なことは、できたとするレベルである標準点に対する認識を合わせておくこと。

METHOD 24

「評価面談」を改善する

面談では評価基準に適合する「事実」を確認する

評価面談では、部下には自分の成果を適切に主張してもらうことを意識してください。

日本の職場では、自分から成果をアピールするのはずうずうしいという価値観があるせいか、表だって成果を主張することに消極的な傾向があります。**その割には、「本当は頑張っているのだから、上司がもっときちんと見てほしい」「目立つことはないが、縁の下の力持ちとしての努力を評価してほしい」と思っている人も多いのです。**

結果として「会社や上司は自分の頑張りを見てくれていない」という不満につながることが珍しくありません。

しかし、会社や上司は超能力者ではありません。具体的な成果を見たり聞いたりしない限り、どうにも評価しようがないのです。

会社では、アピールが上手な人が評価されがちです。これは会社や上司が偏っているということではなく、単純に判断材料があったほうが評価しやすいという話です。

謙虚であることと遠慮することは別であり、正しく評価されるには、遠慮なく自分の実績をアピールすべきです。このことを、上司は部下にきちんとアナウンスしていきましょう。

「普段から謙虚に頑張る姿勢はとても素晴らしいと思っている。だけど、成果をきちんと主張することも大事だよ」

部下にこう伝え、成果を探っていくことは、正しく評価する上での重要なポイントとなります。

その際、注意していただきたいのが、「**意見と事実を分ける**」ということです。

私が上司と部下のコミュニケーションのすれ違いを実際に見聞きする中で気づいたのは、部下がしばしば自分の意見と事実を混同してしまうという問題です。

改めて説明すると、「**事実**」とは実際に起こった事柄、現実に存在する事柄のこと。「**意見**」とは、ある問題に対する主張・考え。心に思うところのこと。

明らかに両者は別物なのですが、部下はたいてい意見ばかり主張します。


「私は毎日頑張っているので、もっと高く評価してほしい」

「○○さんは自分よりも仕事をしていないのに高く評価されているのは納得がいかない」


どちらも意見であり、事実はどうなのかがわかりません。

特に評価面談の場では、部下に意見を主張してもらうのではなく、評価基準に適合する事実を確認することが重要です。

「私は毎日よく頑張っている」ではなく、「私はこの半期で○件の案件を成約させ、売上を○%伸ばしました」という事実を述べてもらう必要があるのです。

そのためには、上司が「個人的な意見ではなく、評価の対象となる事実を示してほしい」と繰り返し伝えるべきでしょう。

▨本人の評価と上司の評価のズレが大きければ要チェック

会社によっては人事評価シートに、部下が自分自身の評価を記入する欄がない場合があり

本人評価と上司評価のすり合わせ

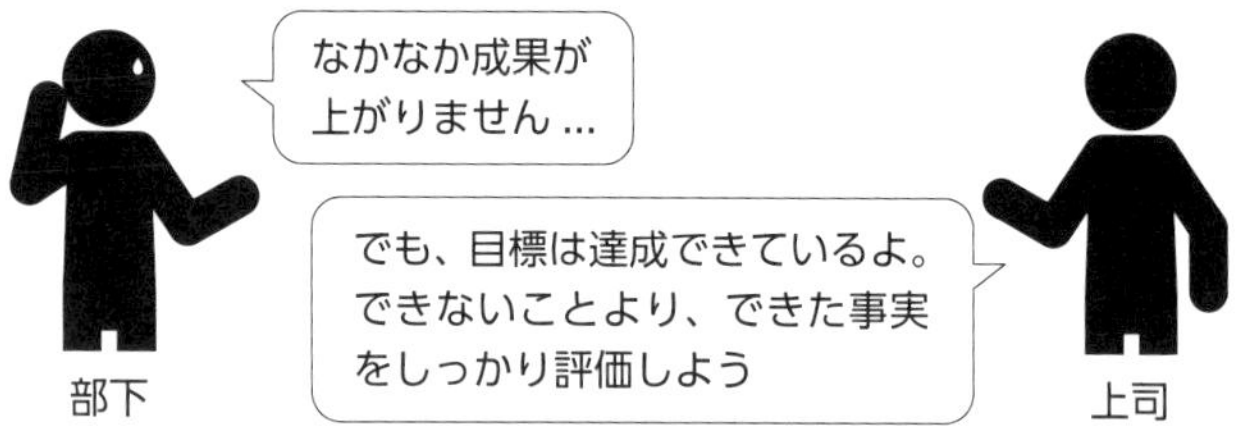
なかなか成果が
上がりません…
でも、目標は達成できているよ。
できないことより、できた事実
をしっかり評価しよう
部下
上司

ます。この場合、公式には上司による評価と本人評価のズレを確認する方法はありません。

しかし、**人事評価の納得度は、本人評価と会社評価のズレに大きく左右されます。**ズレが大きければ不満は大きくなり、ズレが少なければ納得度は高まります。

たとえ評価が低くても、本人に未熟であるという自覚があれば、不満を持つことはないのです。

そこで、**人事評価シートに本人評価の欄がないとしても、部下には本人評価をしてもらい、上司による評価とのズレが大きい場合はすり合わせする**ことをおすすめします。

たとえば、「挨拶」について、上司が「3」の評価をつけたのに対して、部下が「5」の評価をした場合、その評価をつけた理由を丁寧にヒアリングし認識を共有しましょう。

上司と部下で認識を共有できれば、今後の育成もやりやすくなる効果があります。本来、人事評価は部下育成のために

行うという意識で取り組むことが望ましいのです。

なお、部下本人がつけた評価（特に強気の評価）に心理的に影響されやすく誘導されてしまう傾向があると感じている上司は、あえて事前に本人評価を見ることなく、面談当日に本人評価を提出してもらうのも一つの方法です。その上で話し合いを始めたほうがうまくいく場合もあります。

POINT

面談をしていると、部下は自分の「意見」を話してくることが多い。ただ、それは、「事実」ではない可能性もある。部下の意見は、もしかすると部下本人の思い込みでしかない可能性もあるため、上司はいつも事実を確認する必要がある。だからこそ、評価面談の際には、必ず部下本人の評価を確認する。上司の評価と大きくズレがある場合は、そもそも評価基準に対する解釈にズレがある可能性がある。そこを詳しく確認するのが、評価面談の役割。

METHOD 25

「フィードバック面談」を改善する

部下の不満を回避するための会社批判はダメ

フィードバック面談では、会社による厳しい評価を部下に伝えなければならないことがあります。このとき、部下からの不満の矢面に立ちたくないという心理から、会社批判をする人が少なからず存在します。たとえば、次のような言葉が代表的です。

「会社は厳しい評価をしているけど、私は頑張っていると思うよ」
「上には『もっと評価してもいいんじゃないですか?』っていったけど、現場が見えてないから聞き入れてもらえなかったんだ」

上司としてはフォローのつもりもあるのでしょうが、部下は納得ができません。なぜなら「評価が低くなった理由」がまるで不明だからです。**部下は、評価が低いことよりも、理由がわからないことに不満を感じるのです。**

厳しい評価がついたとき、まず上司がするべきことは、評価の理由を明確にすることです。上司である自分も厳しい評価をしたなら理由はわかりますが、**上司としては良い評価をしているにもかかわらず、会社による最終評価が良くない場合など、上司としても理由がわからないことがあります。その際は、わからないままにするのではなく、会社に確認しましょう。**

その上で、「会社に理由を確認したら、○○ということだった。それを聞いて、私もそうかと思う部分があった。だから、これから一緒に改善していこう」というように、きちんと伝えることが肝心です。

▨ 人事評価は賃金査定だけではなく、部下の育成にも活用

人事評価のポイントは、部下のこれからの成長にフォーカスすることです。

上司の多くは、人事評価を「賃金や昇格査定の手段である」と認識しています。確かに、人事評価を賃金査定や昇格の判断材料にしている側面はあります。

しかし、人事評価の本質はそこではありません。**人事評価が目的としているのは、社員のレベルアップであり、評価は「今どこまでできているか」「今後どのようなことに取り組むべきか」を判断するための材料なのです。**

多くの上司は、人事評価の本質を誰からも教えられず、また自分でも誤って理解しています。そのせいで、「評価が低い→賃金査定がマイナスになる→部下がネガティブな感情を抱く→自分が批判を受けるのは嫌だ→会社を批判して責任を回避すればいい」、という思考回路に陥るわけです。

これに対して、上司が人事評価の本質を理解すれば、部下への働きかけが大きく変わるはずです。

会社からの評価が低かった場合でも、これからの成長にフォーカスして、改善すべきポイントを的確にアドバイスできるようになります。つまり、フィードバック面談が今後に向けた前向きな場になるのです。

部下と今後について話し合うときは、部下が望むキャリアイメージを確認しておくことも大切です。部下が理想とするキャリアプランや働き方がわかれば、今後の育成に役立てることができる可能性があるからです。

フィードバック面談では会社のせいにしない

○
今回この評価だったのは ○○ができてないことが 原因だよ
部下
上司
×
評価に不満？ 私も十分頑張っていると 思っているんだけどね。会社の決定だから…
部下
上司

なお、**今後の改善点については抽象的な話で終わらせるのではなく、「具体的にやるべきこと」「いつまでにやるのかというスケジュール」までしっかり計画しておきましょう。**

その際、必要に応じて、ＯＪＴやＯＦＦ－ＪＴ（オフ・ザ・ジョブ・トレーニング）の内容とスケジュールを組み立てるのもおすすめです。会社が許可する（費用の補助を行っている）なら、外部のセミナーなどに部下を積極的に参加させることも有効です。

私が、特に上司に意識してほしいのは**「最初の一歩を踏み出すキッカケづくり」**です。「とにかく行動することが大切」というのは、よくいわれることであり、誰もが頭では理解していることではあります。問題は、わかっていても行動できない、知識と実践が結びつかないところにあります。

そこで、上司には部下が正しく最初の一歩を踏み出せるようなキッカケを作っていただきたいのです。「何をやるか」「いつやるか」を一緒に決めて、場合によっては一緒に行動してみる。

そうやって一歩を踏み出せば、以降は部下自身が慣性の法則にしたがって成長していけるようになります。

POINT

会社の制度やルールなどを上司が批判してしまうと、部下はそれらの仕組みに対して疑心暗鬼となり、価値を見出せなくなってしまう。会社の制度やルールは、上司が率先して遵守することで職場での浸透につながる。また、人事評価は賃金や昇格の査定のためだけにあるのではなく、部下の育成への活用にこそ意義がある。上司は評価にもとづいて、部下の成長につながる具体的なフォローを実践する。

METHOD 26

「目標管理」を改善する

目標管理で大事なのは「進捗管理」より「目標設定」

会社によっては、人事評価とは別に**目標管理**を行っているケースが見られます。実は、ここにも実務上の大きな落とし穴があることがわかってきました。

基本的に目標管理には、会社が決めた目標を与えているケースと、社員本人が立てた目標を採用するケース、という２つのパターンがあります。そして私が見る限り、前者を採用している会社は少数派であり、後者を採用している会社が多数派です。

ただし、営業職や販売職、また管理職については、会社が売上などの「ノルマ」を設定するのが一般的です。しかし、それ以外の職種や一般社員の場合、会社が最適な目標を設定するのは困難です。その理由は、会社が現場を把握しきれないからです。

たとえば、昨今の働き方改革において、残業削減の取り組みを推進する動きが加速しています。ここで「働き方改革を推進するために、残業削減に取り組む必要がある」ということは、会社もわかっています。ですから「残業削減」という大目標は会社側で設定できます。

しかし、その先の**「現場で実際に何をすれば良いのか」については、現場で目標を設定したほうが的確**です。単純に早く帰るように声かけをすれば良いのか、あるいは業務改善にも取り組むべきかは、現場でしか判断できないわけです。

ただし、単純に本人に目標を立ててもらえばいいのかというとそれも違います。社員が大目標を誤解して、特に成果もあげていないのに定時に帰ることだけにコミットした見当違いな目標を立ててしまうかもしれませんし、社員ごとに目標の方向性がバラバラになるおそれもあるからです。

重要なのは、上司として会社の大目標を理解した上で、部下と一緒に適切な目標を設定することです。ポイントは、部下が設定した目標と会社の大目標とがしっかりつながっているということです。

たとえば、会社側から「売上を毎月1000万円上げる」という大目標が設定されていて、部下が「テレアポを1日１００件行う」と目標を立てたとしましょう。

部下としては真面目に目標を考えているのですが、現実にテレアポ１００件が売上につながるかといえば、大いに疑問です。

結果的に、テレアポ１００件という目標はクリアしたのに、肝心の売上が増えないというパターンに陥ってしまうのです。

部下が目標を立てたときに「いいんじゃない。やってみれば」と肯定し、面談の場では進捗管理だけに注力する上司が目立ちますが、これはまったく部下のサポートになっていません。

部下を本当にサポートするなら、面談を通じて実際に効果がある目標について話し合い、きちんと設定していくべきです。**大事なのは進捗管理よりも、根本の目標設定です。**

上司の中には、感覚的に仕事をして成果を出してきたせいで、自分自身で成果を出すための方法を体系化できていないタイプの人が結構います。その場合は、自分の仕事を振り返り、「どうしてうまくいったのか」を棚卸しする必要があるでしょう。

ちなみに、上司が部下に「低い目標」を与えているケースもよく見かけます。部下に低い目標を与えれば、確かに目標の達成率は上がり、部下の満足度は向上します。

しかし、結局は会社の大目標からは乖離してしまうため、目標管理の意味をなさなくなります。**あくまでも、会社の大目標と部下個人の目標のつながりを意識**してください。

進捗管理は「成果」と「行動」を定期的に確認しよう

きちんと部下の目標を設定した上で、進捗管理については成果と行動を定期的に確認していきましょう。

進捗管理というと、どうしても成果に注目が集まり、成果だけを見て評価するケースがほとんどです。

しかし、成果の内容をよく見ると、前任者が仕込んでいた取り組みのおかげで棚ぼた的に成果が出ただけだったり、たまたま景気が上向きのタイミングと重なっていただけだったりすることがあります。こういった**本人の行動とは無関係な成果を、純粋な意味での成果と捉えることは難しい**でしょう。

ですから、進捗管理を行う際は、「成果」と「行動」を一対で把握し、成果が出た理由まで確認しておくことが肝心です。また、成果が出ていないけれど行動をしている場合は、行動の内容について評価をしましょう。

成果は出ていないものの適切に行動している場合は、一定の評価を与えるべきです。それによって部下のモチベーションは上がり、継続的なチャレンジにつながり、最終的な成果につながることも期待できます。

さらに、**目標管理では、必ず期限を設定する**ことを忘れないでください。期限の設定は意外に見落とされがちですが、非常に重要なポイントです。

私が多くの会社を見てきて感じているのは、人材育成が上司の仕事とは別物であるかのように認識されていることです。実際、私は上司が次のように発言するのを何度も耳にしてきました。

「どうにも仕事が忙しくて、部下の育成はできませんでした」

「目の前の仕事が山積みで、部下の育成について考える時間的な余裕はなかったですね」

しかし、冷静になって考えてください。この発言は裏を返せば「人材育成は上司の本来の仕事ではありません」「忙しかったら、人材育成は後回しにしてもかまわない」といっているのと同じ。組織として破たんしています。

やはり目標管理には期限を設定することが重要です。**期限を設定し目標管理制度で評価す**

ることで、人材育成が初めて納期のある「仕事」となるのです。ぜひ上司である読者の皆様は自身の目標に「人材育成」を掲げてみてください。

POINT

目標管理といえば、しっかりとした進捗管理が大切だと考えがち。進捗管理が大切なのは間違いないが、そもそもの目標設定がうまく機能していないケースがよくある。そのため、上司は部下の目標設定について、きちんとサポートする必要がある。進捗管理については、成果を確認するのはもちろんだが、その成果を生み出すに至った行動をしっかりと確認する。また、部下の育成について会社に正当に評価してもらうため、上司は自分の目標に「人材育成」を設定する。

METHOD 27

「マニュアル化」を改善する

職場の業務を「定型業務」と「非定型業務」に分けよう

従来、日本の職場には、仕事を属人的に進める傾向が強くありました。属人的とは、簡単にいうと「〇〇さんにしかできない仕事」ということです。

しかし、時代は仕事の属人化を解消する方向にシフトしています。その流れを大きく後押ししているのが働き方改革です。

働き方改革関連法の施行により、残業時間の上限が法制化され、有給休暇の取得が義務化されたことで、会社は「この仕事を把握しているのはAさんだけ」という状況を放置するのが難しくなっています。

また、急に離職する社員が出る可能性や、育児介護休暇の取得増加、あるいは技能承継の問題も考えると、属人的な仕事が多い職場ほど仕事が滞るリスクが高まります。**仕事の「誰でもできる化」「標準化」を早めに進めておくに越したことはありません。**

そういった状況を踏まえて、改めて職場を俯瞰的に見ると、仕事は「**定型業務（決まっている仕事）**」と「**非定型業務（応用を必要とする仕事）**」があることがわかります。

定型業務は誰でもできる仕事であり、非定型業務は特定の人にしかできない仕事ともいい換えられます。理屈の上では、定型業務が多ければ仕事の標準化が進み、非定型業務が多ければ仕事が属人化しやすいと考えられます。

しかし、問題はそれほど単純ではありません。

実際に職場の仕事を細かく調査してみると、実は長年、非定型業務だと思われていた仕事の多くが、定型業務に分類されるものだと判明するケースが増えているのです。

一つの事例をご紹介します。

ベテランの総務職Bさんには長年任されている仕事があり、Bさん自身も「この仕事は自分にしかできない」と自負していました。そんなあるとき、Bさんの家庭に不幸があり、やむなくBさんは職場を1か月離れることになります。

非定形業務が定型業務と判明するケースが増えている

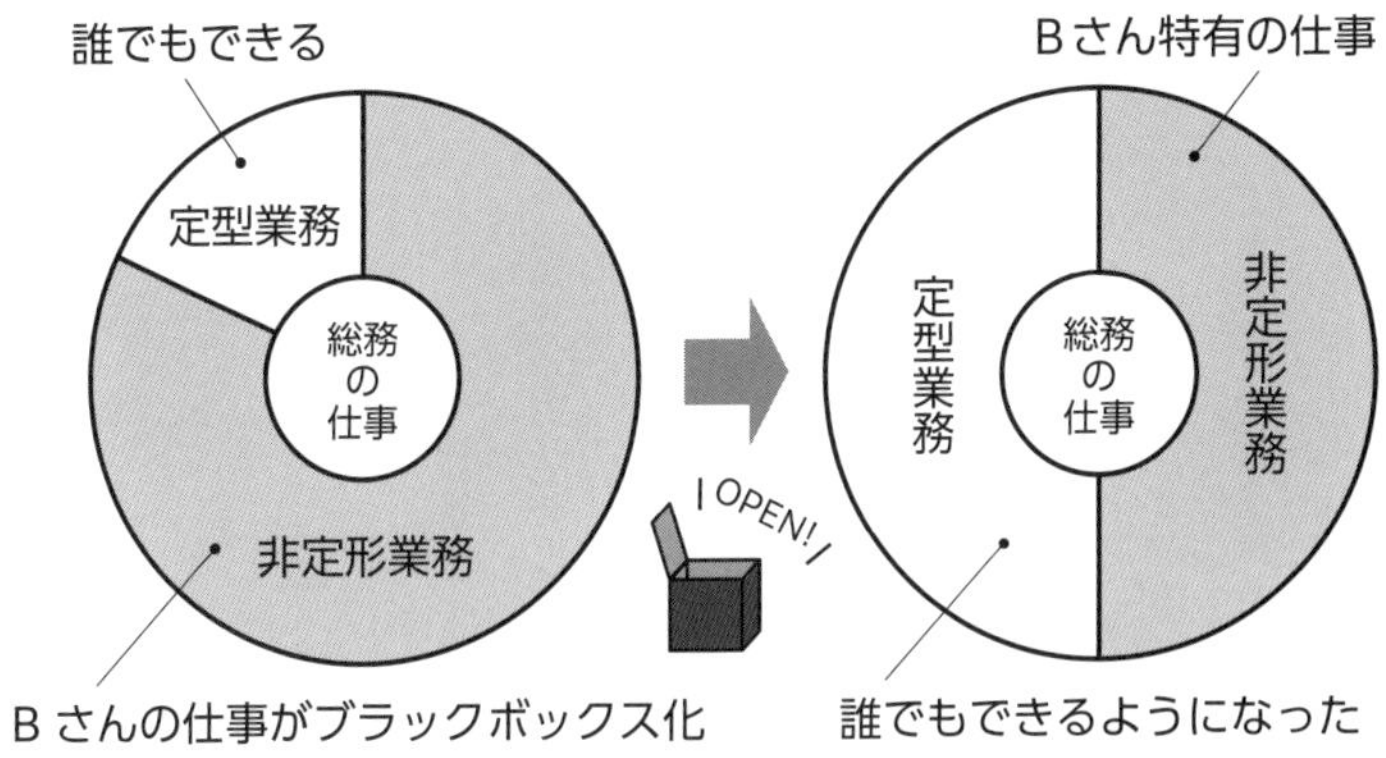
誰でもできる
定型業務
総務の仕事
非定形業務
Bさんの仕事がブラックボックス化
OPEN!
Bさん特有の仕事
非定形業務
定型業務
総務の仕事
誰でもできるようになった

Bさんは職場がちゃんと回るのかを心配し、残された職場の人もBさんがどうやって仕事を進めていたのかがさっぱりわからず、ちゃんとフォローできるか不安でした。

ところがBさんが不在の間、実際に業務内容を確認し仕事を進めてみると、まるで問題なく業務が回りました。むしろ、Bさんが一人でやっていたときよりもスピーディに進んだのです。

実は、こういった出来事が多くの職場で起きています。要するに、Bさんが勝手に仕事を複雑化・ブラックボックス化していただけ。実際には「Bさんにしかできない」どころか、ほとんどが定型業務であることが判明したのです。

このように、問題の根本は「**職場で非定型業務だと思っている仕事の中に、相当数の定型業務が含まれている**」ところにあります。

ベテランの社員に対して「あなたは非効率に仕事をしていませんか？」といえる後輩はいません。結果、ベテランの仕事はベテランが個人で管理するようになり、誰にも手がつけられなくなるわけです。

ですから、**上司はまず職場の仕事をすべてピックアップし、客観的な視点から定型業務と非定型業務に分ける必要があります**。業務を洗い出す際には、全員が集まるミーティングなどではなく、個別に面談を行い、具体的に業務を書き出していく方法が有効です。

▨定型業務を職場の誰もができる仕事にしよう

一通り業務を書き出したら、定型業務は職場の誰もができるようにしましょう。

よく職場では「マニュアル化をすれば仕事が効率的になる」といわれます。確かに一面の事実ではありますが、**マニュアルにこだわり過ぎると本質を見失いかねません**。

優先すべきは仕事をマニュアル化すること以前に、仕事を誰でもできるようにすることです。そのためには、マニュアルを作成する以前に、職場内のすべての定型業務について、フローを明確にしておく必要があります。

フローを書き出すことで、モレやダブりのないマニュアルの作成につながります。そのフローを書き出す作業は、担当しているスタッフや若手社員を交えて行うのが望ましいといえます。

若手社員にはＩＴや新しい技術に精通する人も多く、「この仕事なら、ＩＴ化すればもっと効率的にできます」といった意見があがります。つまり、マニュアルを作成する過程で業務の「ムリ・ムラ・ムダ」を発見し、改善につなげる効果も期待できるのです。

POINT

職場には定型業務と非定型業務があるが、職場で非定型業務と思われている業務の中に、属人的業務であることで非定型業務と考えられているものがある。これらは、具体的な業務内容を紐解いていくと、定型業務であることも多い。そのため、職場内でマニュアル化を進めて行く際には、まず、徹底した定型業務の洗い出しが重要となる。その上で、マニュアル化やIT化などを実践していくと良い。

METHOD 28

「会議」を改善する

スタッフが安心して意見を出せない会議は、単なる報告会

次に取り上げたいのが会議の進め方です。

会議に関しては「ムダな会議をやめよう」という主張をあちこちで耳にします。では、ムダな会議とは、いったいどういう会議を指すのでしょうか。

一言で表現すればムダな会議＝意見が出ない会議といえます。意見が出ない会議は報告会と同じであり、それなら会議の場を持つまでもなくクラウド上で情報を共有すれば十分です。

では、どうして会議において意見が出ないという事態が生じてしまうのか。結論からいえ

ば、「何を発言しても否定されない」という心理的安全性が担保されていないことに最大の原因があります。

せっかく発言をしても笑われる、馬鹿にされる、否定される状況であれば、会議で発言が出なくなるのも当然です。つまり、本来は会議の生産性を高めるには、まず職場内の心理的安全性を高めるのが先決ということになります。

もちろん長期的な視点で職場の心理的安全性を高めていく努力は不可欠です。とはいえ、現実に職場内で心理的安全性を担保するには相当な時間がかかります。

そこで提案したいのは、報告会型の会議は減らして、報告や発表はクラウド上での共有に集約し、部下からの意見は個別の面談で聞き出す方法です。

たとえば若手社員がベテラン社員の仕事の仕方にムダを感じていた場合、全員の前で指摘するのは躊躇します。しかし、個別の面談であれば「○○というソフトを使えば、１時間かかる仕事が５分で片づくはずです」といった忖度のない意見を引き出せる可能性があります。

特に、業務の改善提案が個人の仕事のやり方を責めるニュアンスになりかねないケースでは、個別に意見を聞き出す機会を積極的に作ることをおすすめします。

また、どうしても人を集めて会議を行いたい場合は、やり方を変えてみましょう。

心理的安全性が低い状況で、上司が一方的に話を始めてしまうと、後から発言する部下は及び腰になります。これでは右にならえ式の発言しか出てきません。

そこでおすすめしたいのが、**事前に紙とペンを参加者全員分用意し、1つの議題ごとに3分間ほど時間を与えて、自由な意見をできる限りたくさん書き出してもらう**という方法です。

3分が経ったら、書いた内容を一人ずつ順番に読み上げてもらいます。事前に意見を紙に書くことで、他の参加者の発言に影響されない、素直な意見を出してもらえる効果があります。ポイントは「**書いたことをそのまま読んでください**」と伝えることです。

こうして文字だけで説明されてもピンとこないかもしれませんが、実際に行ってみると、これまでの会議との違いを強く実感できるはずです。

▨会議は「議長」と「進行役」を分けると効果的

一般的に、会議では上司が会議の議長と進行役を兼ねるケースが多く、この場合、上司の

「議長」と「進行役」を分ける

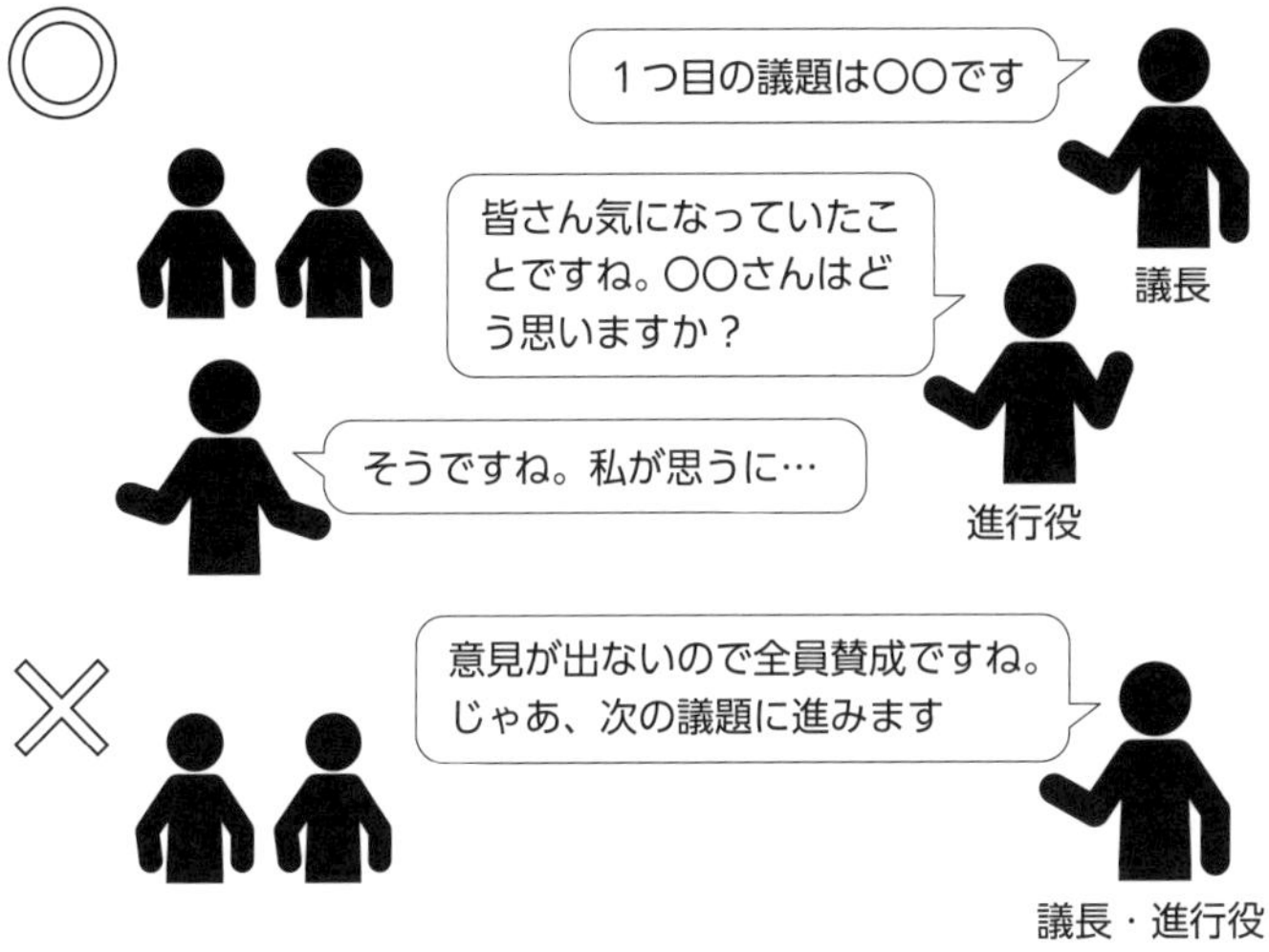
◎
１つ目の議題は〇〇です
議長
皆さん気になっていたことですね。〇〇さんはどう思いますか？
進行役
そうですね。私が思うに…
×
意見が出ないので全員賛成ですね。じゃあ、次の議題に進みます
議長・進行役

ペースで話が進むので、ますます参加者からの意見が出にくくなります。特に、上司からみんなの前で「どう思う？」などと聞かれると、部下はプレッシャーを感じて萎縮してしまいがちです。

そこで有効なのが、**議長と進行役を分ける**方法です。上司が議長役であれば、進行役はチームリーダーなどに任せると良いでしょう。このとき、**進行役の心理的安全性を担保する**ことを忘れないようにしてください。

「自分が進行役を兼ねると少し話し過ぎてしまうから、進行役をお願いした

い。もし議論が脱線したら、遠慮せず途中で止めて本題に戻してほしい。止めても怒らないから」

このように事前にお願いしておけば、進行役は安心できます。

議長と進行役を分ければ、会議の結論を出す人と会話を進める人が分離され、結論を出す人の発言機会を減らすことができます。参加者も、上司の顔色をうかがうことなく発言しやすくなります。

また上司の話し過ぎが抑制され、会議の時間短縮も期待できます。ぜひ、会議をするときは、議長と進行役を分けることを習慣にしてみてください。

POINT

意見が出ない会議はムダな会議であり、単なる報告会であれば、チャットやメールなどで情報共有すれば十分。とはいえ、どんどん意見が出るようになるには、心理的完全性が不可欠であり、改善には時間がかかる。そこで、なるべく意見が出るようにメソッドで解決できる工夫をしよう。その方法として、紙に意見を書き出す方法や議長と進行役を分ける方法などが有効。

METHOD 29

「ＳＮＳ」を改善する

これからの時代の部下の承認欲求を理解しよう

一昔前の日本では、上昇志向が仕事のモチベーションと直結していました。わかりやすくいえば、「もっとお金を稼ぎたい、いい車に乗って立派な家に住みたい」という思いで仕事を頑張る人が多かったということです。

しかし、時代とともに価値観は大きく変化しています。今では「給料さえ渡していれば部下は黙っていうことを聞いて働いてくれる」という考え方は、完全に過去のものとなっています。私が現場の若手社員に話を聞くときも「お金のために働いている」と発言する人は皆無に近い状況です。

では、今の若い社員たちは何をモチベーションとしているのでしょうか。上昇志向に代わって重んじられるようになっているのが「やりがい」です。

求人情報サービスを提供するエン・ジャパンがユーザーを対象に行った調査によると、96％が「仕事にやりがいは必要」と回答しています（「仕事のやりがいと楽しみ方」調査／エン転職）。やりがい重視の傾向が明確に示されています。

また、「仕事において、やりがいを感じることは何ですか？」という質問に対しては、1位「お礼や感謝の言葉をもらうこと」（62％）、2位「仕事の成果を認められること」（56％）、3位「目標を達成すること」（50％）という結果が出ています。

若い人は、お金で報われるよりも仕事の成果を認めてもらい、お礼や感謝の言葉をもらうほうがうれしいと感じているのです。

上司として部下のモチベーション向上に取り組むにあたっては、まずはこういった価値観を理解する必要があるでしょう。

すでに一部の会社では、社員のやりがいを高めるマネジメント手法を取り入れています。代表的なものを挙げれば、「**サンクスカード**」があります。これは、社員間で感謝の気持ちをカードに手書きし、相手に渡すという取り組みです。ザ・リッツ・カールトン東京や日本航空（ＪＡＬ）などが導入していることでも知られています（※名称や詳しい内容は各社異なります）。

現在はクラウド上でサンクスカードをやり取りするシステムもあり、社内のコミュニケーションが活発化するなどの効果が報告されています。

こうした取り組みは、大きなコストが発生することもなく、上司の権限でも取り入れやすい施策といえます。

また、近年は少額の成果給を従業員同士が送り合う「**ピアボーナス**」という仕組みを取り入れる職場も出てきています。「ピアボーナス」は「ピア＝同僚、仲間」と「ボーナス＝特別給」を併せた造語であり、感謝の気持ちをポイントとして送り合います。送られたポイントは給与にも反映されますが、報酬よりもお礼や感謝を伝え合うことに大きな意味があります。

インナーブランディングのためのＳＮＳ活用術

こうしたやりがい重視の傾向は、ＳＮＳを通じたコミュニケーションと親和性が高いといえます。特に30代前半までの社員にとって、ＳＮＳは不可欠なコミュニケーションツールとして多大な影響を持っています。

そこで提案したいのが、**社内コミュニケーションにＳＮＳを活用する**ことです。会社としてＳＮＳを禁止している場合は難しいでしょうが、特に制約がない場合は職場全体でTwitterを運用することをおすすめします。

部下が成果を上げたときには、上司がTwitter上で部下をほめます。また、部下への想いやメッセージをTwitter上で語ります。すると、部下に伝わるのはもちろんのこと、一般ユーザーにもその内容が伝わることになります。

そうしたことを続けていると一般ユーザーから「いい取り組みをしていますね」「上司に評価されてすごい！」などとポジティブなコメントがつくようになります。

そうなると、**部下は「職場内で褒められた」という以上に「社会的に評価されるような仕事をしたんだ」という実感を持つことができます。この実感がモチベーション向上につながる**というわけです。

有意義な発信をすればフォロワーが増える。これも大きなポイントです。ＳＮＳ上で褒められるほど部下のフォロワーが増え、部下の満足度とモチベーションが向上します。

さらに、それを見た人から「この会社で働いてみたい」という応募が来るという採用上のメリットも生じます。それもそのはず。**転職の最大の理由は「人間関係」にあり、多くの人が職場に良好な人間関係を求めている**からです。

このように職場でSNSを活用すると、さまざまなプラスの効果がもたらされることがわかってきました。もはや職場の壁に経営理念を貼り出すよりも、経営者や上司がTwitter上で発信するほうが社員の心に響く時代です。

ぜひ、上手にSNSを活用してインナーブランディングにつなげていきましょう。

POINT

これからの時代の部下は、金銭的報酬だけではなく、やりがいなどの非金銭的報酬を重要視する傾向が強くなっている。そこで、上司はサンクスカードなど、部下の承認欲求に応えることができる取り組みを実践していくことが有効となる。また、SNSの活用が許される職場の場合は、Twitterなどを活用することで、部下のモチベーションを引き出したり、上司が本当に伝えたいメッセージをストレートに伝えられるのでおすすめ。

METHOD 30

「テレワーク」を改善する

「担当業務」と「成果イメージ」を具体的に共有しよう

最近、新型コロナウイルスの影響などにより、テレワークの導入が進んでいます。特に、**事前準備をすることなくテレワークの体制に入っていった職場においては、メンバー一人ひとりの担当業務やその成果イメージを具体的に共有できていないケースがあります。**

テレワークでは、部下は基本的にメンバーと顔を合わせることなく、一人で仕事を進めていくことになるため、**「やるべき業務」**とその**「成果イメージ」**がわかりにくいと、部下に不安が生じてしまいます。**特に、事務系職種では注意が必要**です。

要するに、誰がどの仕事をすれば良いのかが不明瞭で、かつ成果イメージについても共有されていないので、自宅で一人になって仕事に向かうと、迷いが生じて不安にかられてしまうのです。

上司としてやるべきことは、それぞれの部下に対してしっかり仕事を割り当てていくことであり、成果のイメージを具体的に共有しておくことです。その2つが確認でき、部下が上司のマネジメントを信頼していれば、上司が勤務時間中にいちいち監視しなくても、部下は成果を出してくれるはずです。

また、リアルな職場と同じタイムスケジュールを意識するために、「朝礼」「昼休憩」「終礼」のタイミングで、上司からチーム全員にチャットやビデオ会議ツールなどで声をかけるのもおすすめです。

従来から、職場で朝礼を行ったり、工場で朝一番にラジオ体操に取り組んだりする光景が見られました。こうした機会は、仕事モードに入るきっかけとなるだけでなく、職場のメンバー全員で目標を共有したり、お互いに様子を確認したりする上で、一定の意味がありました。

特に、テレワークの場合は、メンバーの様子を常時確認することができません。そのため、職場のメンバーに見られていないことでサボりがちになってしまう人もいれば、逆に周囲の目が気にならないため際限なく仕事を続けてしまい、残業が常態化してしまう人もいます。最近では、テレワークでの働き過ぎによる体調悪化の事例も報告されています。

かといって、テレワーク中の部下の行動を撮影したりするような過度な監視ツールを用いれば心理的安全性を損ないます。そこで、時間の区切りには号令をかけることが望ましいといえます。**私がコンサルティングを通じて確認している範囲では、テレワークでも生産性の高い働き方をしている職場では、こうしたフォローをきめ細かく行っている傾向があります。**

テレワークでも1on1ミーティングを大切にしよう

テレワークで働くことになったとしても、ぜひ取り組んでいただきたいのが、上司と部下が1対1で行う1on1ミーティングです。

部下によって成長のスピードや現在のスキル、業務の理解度などはバラバラです。だからこそ、個別の状況を把握した上で育成をしていくためには、テレワークの状況でも個別に面談を行うのがベストです。

テレワーク時代のコミュニケーション

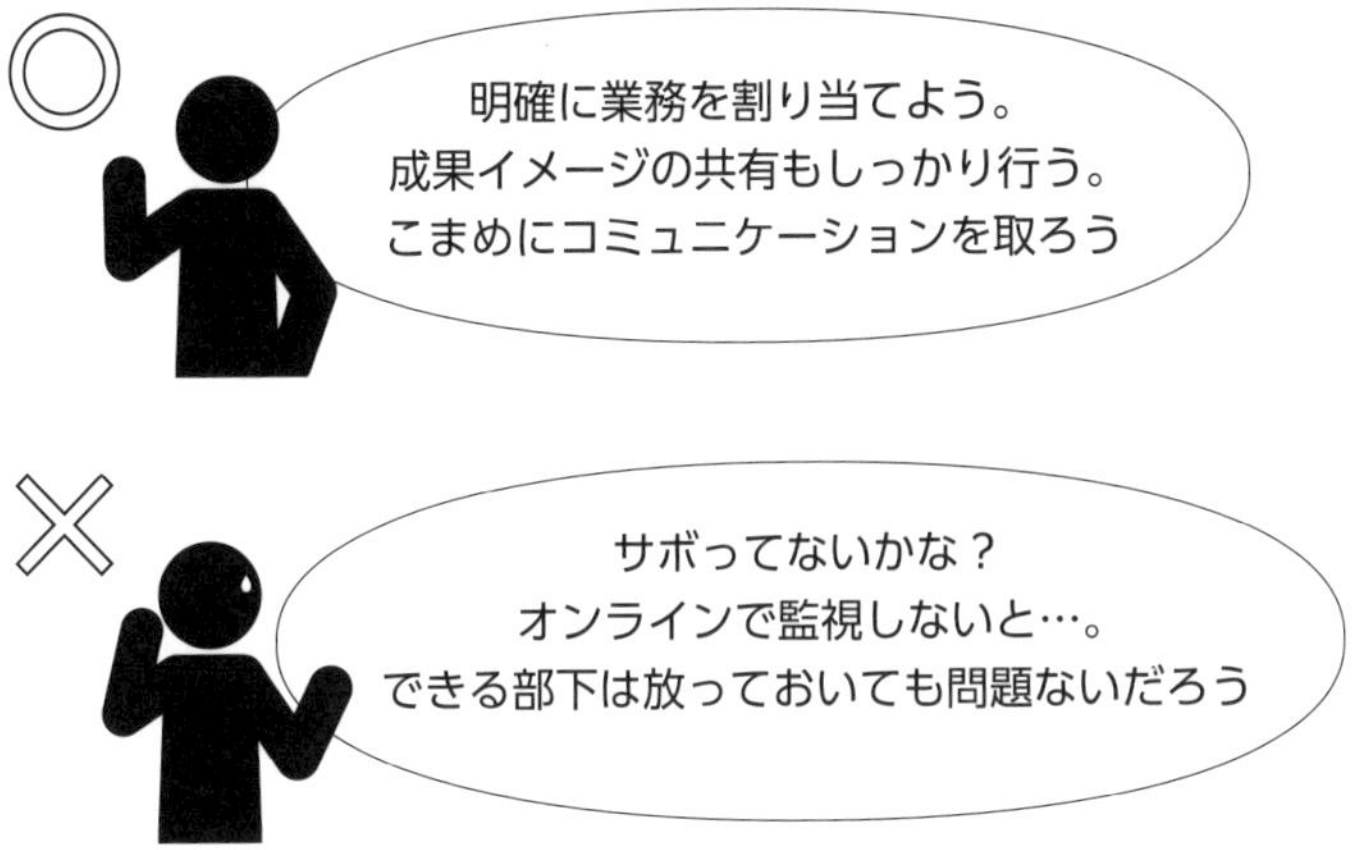
明確に業務を割り当てよう。
成果イメージの共有もしっかり行う。
こまめにコミュニケーションを取ろう
サボってないかな？
オンラインで監視しないと…。
できる部下は放っておいても問題ないだろう

1回数分程度でかまわないので、「朝礼が終わった後」「終礼をする前」のタイミングなどで、個別にビデオ会議ツールで面談を行いましょう。

朝は、その日1日の目標を確認し、夕方にはその日の成果を確認した上で、明日の目標設定のフォローを行います。

残業の申請は、たとえば「15時まで」のように期限を決めて、チャットやオンライン会議ツールなどで行えるようにすると良いでしょう。

今、テレワークをしている各職場では、残業申請をどのような基準で認めるべきかが問題となっています。

部下の勤務状況が見えにくいことによって、不要と思われる残業が認められる、あるいは逆に必要な残業申請が認められずサービス残業が常態化しているという状況もあります。

しかし、**上司と部下が毎日定期的に面談を行っていれば、仕事の進捗状況も把握できているので、適正な残業が認められるようにもなります。残業時間をめぐってのトラブルも回避できるはずです。**

リアルとは異なり、テレワークの場合はオンライン会議ツールによる簡潔な面談が実施可能です。直接顔を合わせることがない分、しっかりと連絡を取り合うことを意識してください。

POINT

テレワークで部下に仕事を任せるときに大切なのは、「やるべき業務」と「その成果イメージ」を明確にし、認識を共有すること。また、テレワークになったら、もはや連絡は最小限で構わないと考えがちではあるが、それでは、目指すべき成果や業務の進捗感などに、上司と部下で差が生まれてしまう可能性がある。そういったことを防ぐためにも、オフライン時以上に、しっかりとコミュニケーションをとることを心がける。

EPILOGUE

終章

すぐに会社を変えるのは難しい。まずは「職場単位」で始めよう！

上司は会社側に立ちつつ、部下の考えにも共感できるか

現在、上司は未曾有の業務過多に陥っています。

特に影響が大きいのが、働き方改革です。働き方改革が叫ばれるようになってから、残業＝悪という図式はすっかり定着した感があります。そのため、一般社員の残業をとにかく減らしていこうと、どの企業も躍起になっています。

ところが、上司の中でも特に管理職は残業代支給の対象とはならないことなどから（ただし深夜残業のように例外はあります）、残業を押しつけられるという風潮が蔓延しつつあります。

たしかに、実務遂行能力を認められた管理職がサービス残業をこなしていけば、目先の業務は回っていくかもしれません。しかし、私がコンサルティングで現場を見てきた限りにおいては、長期的に見ると、次の3つの懸念があると考えています。

①管理職が体調不良となる（さらには辞めてしまう）

②若手社員がスキルアップできない
③管理職になりたい社員が職場にいなくなる

①や②は説明不要かと思いますが、注目すべきは③です。**いつもつらそうに働いている管理職ばかりの職場では、管理職を目指して頑張ろうという社員はいなくなってしまいます。**すでに、職場のスタッフとしっかりとコミュニケーションをとることができている上司の皆様にとっては当たり前のことかもしれませんが、残念なことに、この③という大きな問題について、会社は認識していないことがあります。

次に影響が大きいのが、コロナ禍です。テレワークへの対応、営業活動や会議などのオンライン化の推進、会社の事業転換への対応など、これまでに経験をしたことがないような突発業務が発生していますが、これらに中心となって対応しているのが上司です。

このように極めて困難な環境の中にあっても、上司は立場上、「会社の側に立って職場を運営していく」ことが求められます。一般社員やアルバイトスタッフなどと一緒になって会社の不満を職場でいい合うようなことがあってはいけません。

理由は2つあります。

一つは、スタッフが、会社が実施する取り組みに従わなくなってしまうということ。そして、もう一つは、上司本人が会社からの信頼を失ってしまうということです。

これまでにも述べてきましたが、上司が会社の批判をしてしまうと、もはや会社の実施する取り組みを真剣に行うスタッフは職場からいなくなってしまいます。

それでは、上司の本来業務である「会社の掲げる目標を達成すること」ができなくなってしまいます。

また、上司自身が会社から信頼されなくなってしまうと、社内で行動しにくくなってしまいます。何かおかしなことを考えているのではないかと、警戒されてしまうことになるからです。

経営者や役員は、上司本人が「会社寄りのスタンス」か「一般スタッフ寄りのスタンス」かを、上司が思っている以上に慎重に確認しています。

特に中小企業やベンチャー企業では、その傾向が顕著です。なぜなら、少数精鋭だからこそ、幹部候補として重要なポジションを任せているスタッフが、突如辞めたり、会社に反抗的になったりするリスクを懸念しているからです。

だからこそ、上司は会社寄りのスタンスで発言したり行動したりすることが、とても重要です。

ところが、**職場をまとめる役割を持つ上司は、同時に職場のスタッフの話に耳を傾け共感する力も求められます。**なぜなら、それができなければ、職場のスタッフの信頼を得ることができず、職場の問題を解決することができないからです。

このように、**上司は、会社と職場のスタッフの両方から信頼を獲得する必要がある、とても重要かつ難しいポジションにあります。**上司の仕事の難しさは、まさにここにあるといっても過言ではありません。

職場改善はシステムではなく上司が行うもの

会社はできる限り効率的に職場改善を進めて生産性を向上し、売上や利益を上げようと、システム導入を進める傾向があります。システムは便利であることに加えて、データが蓄積することで分析に活用できるため、会社として使い勝手が良いというメリットがあります。

しかし、**システムはただ導入するだけで機能するものではなく、職場のスタッフに浸透させる必要があります。そして、その役割は上司が担っています。**

つまり、上司が本来の意味での上司の仕事を実践しなければ、どんなシステムも職場に浸透し成果につながることはありません。ただ、残念なことにシステムさえ導入すれば、うまくいくと考えている企業が多いのも事実です。

会社発信の改善施策が発表されるたびに、上司は職場のスタッフにいい聞かせて実施を促します。しかし、その取り組みも半年もすれば、自然に消滅していきます。なぜなら、会社はすぐに成果が出ない取り組みは、見直していく傾向があるからです。

そういったことを繰り返しているうちに、職場のスタッフたちは、上司にこういってくるようになります。

「会社がやれっていっても、どうせまた半年もすれば自然消滅しますよ。テキトーにやって流しておけばいいんじゃないですか」

きっと上司の方は心当たりがあるはずです。しかし、こういった環境においても、上司は職場改善に真剣に取り組み、生産性を向上させて、売上や利益を上げていかなければなりません。

システムは常に見直しがあり、また制度やルールも見直しがありますが、それらを理解して職場のスタッフに説明し、納得を得た上できちんと成果につなげていくのは、上司の役割です。だからこそ、職場改善は上司の活躍が重要なのです。

まずは職場のメンバーで実践しよう！

職場を改善するにあたって、会社全体で動き出すのを待っていたらあっという間に時間は過ぎていきます。会社全体で動き出すには時間がかかります。また、前述のように、会社が職場の問題の真因を捉えた改善施策を提示してくるとも限りません。ですから、**職場単位で、できるところから一歩一歩進めていきましょう。**

そのときに重要なのは、**「会社の経営理念や経営計画とベクトルが合っていること」**と、**「職場のメンバーに共感してもらいながら一緒に取り組んでいくこと」**です。

私は職業柄、心ある上司が独力でサラリーマン生命をかけて必死で改善をしようとしたり、会社に直談判したりするようなシーンをこれまでに何度も見る機会がありました。しかし、どれもうまくいったケースはありません。

このような上司による独力改善は、会社の賛同を得られないばかりか、職場のメンバーもついてこないことがほとんど。そのため、文字通り玉砕する可能性が極めて高いといえます。本書の読者の方々には、そのような事態に陥ることはくれぐれも避けてほしいと考えています。

むしろ、そうではなく、今いる会社で成果を上げて、会社や職場のメンバーから信頼を獲得し、さらに素晴らしいキャリアを築いていってほしいと願っています。

だからこそ、会社や職場のメンバーを巻き込みながら、改善活動に取り組んでいってほしいのです。そのために重要なのは「報連相」です。

職場単位で改善活動を始めようというとき、会社には、「①取り組み内容」と「②取り組む理由」を伝える必要があります。取り組む理由について、会社に「職場の問題の真因」をストレートに伝えると問題がありそうだと感じる場合は工夫が必要です。

そういったときは、**「このような職場にしていきたい」というように「過去の問題」ではなく「将来の目標」を伝える**のがおすすめです。虚偽の報告をする必要がなく、かつ会社に納得してもらいながら、改善を進めていくことができます。

職場のメンバーにも、「①取り組み内容」と「②取り組む理由」を伝える必要がありますが、**取り組む理由を伝えるポイントは、スタッフにとってどのようなメリットがあるのか具体的にイメージできるように伝える**ことです。その代表格は、**「働きやすさ」**です。

昨今、働きやすさというと、早く帰ることができるとか、休みをいっぱい取ることができるという風潮がありますが、これはどちらかというと**「休みやすさ」**です。

本来、職場における働きやすさとは、「効率的に成果を出すための環境が整っている」ことだと私は考えています。

上司の方には、ぜひこの働きやすさの定義を部下に伝えてほしいと思います。もちろん、成果を出した部下は、人事評価にしっかりと反映してください。そして、職場全体に未来志向な文化を少しずつ形成していってもらいたいと思います。

職場改善は一筋縄ではいきません。だからこそ、やりがいがあります。

これからも、力を合わせて働きやすい職場づくりを実践してまいりましょう。

おわりに

最後までお読みいただき、誠にありがとうございます。

本書のテーマは、上司の皆様が職場の問題を解決するため、再現性のより高い方法をお伝えするということです。

そのため、昔からよくある**リーダーシップなどの「精神論」的なアプローチではなく、上司の仕事を遂行するための「具体的なメソッド」**をお伝えさせていただきました。

そこで、実践にあたり、後で読み返していただいたときにわかりやすいように、**第1章と第2章は章まとめを、第3章から第6章までは、POINT（項目まとめ）**を掲載しております。ぜひ参考にしていただければ嬉しいです。

また、今すぐ実践していただくため、スタッフのトリセツシートや1on1の面談シートなどのお役立ちツールを用意しております。後にある著者略歴のページよりダウンロードいただけますので、参考にしていただければ幸いです。もちろん、本書で繰り返しお伝えしてきた通り、そのままお使いいただくというよりは、職場の現状に合わせて、カスタマイズしてご利用いただけましたら、さらに効果があるものになります。

ただし、**職場の問題解決において、最も大切なのは「上司の成長」です。ツールを導入する〝だけ〟で問題が解決することはありません。**

本書との出会いを機に、上司の皆様は「**上司としての仕事を遂行するためのスキルアップ**」、経営層や人事部の皆様は、「**上司として頑張るスタッフの教育機会の創出**」に興味を持ち、取り組んでいただけましたら、著者として最高の喜びです。

最後になりますが、本書は、日頃からお世話になっておりますクライアントの皆様からいただきました知見をもとに、同じ課題を持つ多くの職場に届けて、改善の手がかりにしていただきたいと思い、執筆させていただきました。

クライアントの経営者や人事担当者の方、そしていつもご協力いただいているすべてのスタッフの皆様に、この場をお借りして感謝の気持ちをお伝えしたいと思います。

『いつも本当にありがとうございます。これからも一緒に頑張ってまいりましょう』

令和3年5月吉日　大橋高広

大橋高広（おおはし　たかひろ）
1982年生まれ。大阪府出身。株式会社NCコンサルティング代表取締役社長。人事評価制度、管理職育成、職場改善の専門家。大阪商工会議所人事労務サポート推進パートナー、八尾市や守口市門真市、和泉市などの商工会議所専門相談員。
同志社大学を卒業後、大手通信系企業にて歓楽街での飛び込み営業を経て、経済団体に入職し中小企業の経営支援に従事する。その際、橋下徹氏による府政改革を経験。その後、中堅製造業で総務経理を担当する傍ら、父から息子への事業承継を推進。2015年、株式会社NCコンサルティングを設立。開業から約5年間で70社以上のクライアント企業のスタッフへ直接面談を実施。ヒアリングしたスタッフの総数は1,200名を超える職場の問題に精通した人事のプロ。「中小企業が元気になれば、日本が元気になる」を信条に、コンサルティング・研修・セミナー・講演を全国各地で行なっている。

◎公式HP／https://www.ohashitakahiro.com/
◎Twitter／https://twitter.com/ohashitaka_jp
【メルマガ登録特典（右記のQRコードよりお申し込み）】
ご登録者にはスタッフのトリセツシートなどの
各種人事ツールを無料プレゼント！

リーダーシップがなくてもできる
「職場《しょくば》の問題《もんだい》」30の解決法《かいけつほう》
上司と部下の信頼関係を築く「聞き出し、共有して、改善する」3ステップ

2021年 6月 1日　初版発行
2022年 1月 1日　第2刷発行

著　者　大橋高広
発行者　杉本淳一

発行所　株式会社日本実業出版社　東京都新宿区市谷本村町3-29 〒162-0845
編集部 ☎03-3268-5651
営業部 ☎03-3268-5161　振　替　00170-1-25349
https://www.njg.co.jp/

印刷／堀内印刷　製本／共栄社

ISBN 978-4-534-05855-3　Printed in JAPAN